PAMELA.

I. PARTIE.

PAMELA,

OU

LA VERTU

RÉCOMPENSÉE.

Traduit de l'Anglois.

PREMIERE PARTIE.

A LONDRES;

Chez **JEAN OSBORNE.** à la Boule
d'Or, dans Pater-Noster-Row, près S. Paul.

M. DCC. XLII.

PREFACE.

L E petit OUVRAGE dont on donne ici la Traduction, a été si bien reçu en Angleterre, qu'il s'en est fait cinq Editions en un an : preuve que l'Auteur a su atraper le goût du Public. Il a pourtant rencontré quelques Censeurs. Et où est l'Ouvrage auquel on ne puisse rien trouver à reprendre ? Le Cid (dit un Auteur * plein d'esprit & de bon sens) est l'un des plus beaux Poëmes que l'on puisse faire ; & l'une des meilleures Critiques qui ait été faite sur aucun sujet, est celle du Cid. Il n'est donc pas surprenant que PAMELA ait été critiquée ; c'est un honneur qu'on ne s'avise pas de faire à de mauvais Ouvrages. Nous ne prétendons pas néan-

* M. de la Bruyere, Caracteres, &c. p. m. 25. des Ouvrages de l'Esprit.

moins comparer ces Critiques à celle du
Cid. Elles sont si pitoyables, & on y découvre tant de mauvaise foi dans les
citations, qu'elles ne méritent pas qu'on
en prenne connoissance. D'ailleurs s'il
y a quelques remarques qui soient dignes
d'attention, l'Auteur y répondra lui-
même dans la continuation de cette histoire, qui est actuellement sous presse,
& qui contiendra aussi deux Volumes.

Disons un mot de notre Traduction.
Nous avons tâché de la rendre aussi fidele qu'il nous a été possible, vu la différence des Langues. On sait que la Langue Angloise n'est pas tout-à-fait aussi
châtiée que la Françoise : on souffre dans
celle-là des expressions qu'on ne permet-
troit pas dans celle-ci. Il seroit aisé d'en
citer un grand nombre d'exemples, s'il
étoit nécessaire. C'est ce qui nous a obligés à rendre le sens de notre Auteur,
plutôt que de suivre exactement ses expressions. Cependant il faut se souvenir
que la plupart de ces Lettres sont écrites
par une jeune fille de quinze à seize ans;
& il a falu que le style fût proportionné

à fon âge & à fon fexe.

On efpere que les fentimens d'humanité, de vertu & de religion, & la variété des caracteres juftes & bien touchés, dont l'original de cet Ouvrage eft rempli, & qui l'ont fait recevoir fi favorablement des Anglois, feront caufe que les Etrangers ne liront pas avec moins de plaifir la Traduction que nous leur préfentons.

Nous n'ajouterons plus qu'un mot. Cette Traduction a été faite avec la participation de l'Auteur, qui a eu la bonté de nous fournir un petit nombre d'additions & de corrections. Et comme on aime à connoître le caractere de ceux dont il eft fait mention dans un livre qu'on lit, l'Auteur a bien voulu nous communiquer les portraits de quelques perfonnes dont il parle dans cette hiftoire. Ces portraits n'ont point été inférés dans les cinq éditions qu'on a faites de l'Original, parce que l'Auteur s'en eft avifé trop tard.

PREFACE

D E

L'EDITEUR.

SI divertir & plaire, & en même
tems inftruire & cultiver l'efprit &
le cœur des jeunes gens de l'un &
de l'autre fexe :

Si inculquer les principes de la religion & de la morale, d'une maniere
fi aifée & fi touchante, qu'on les
rende agréables & utiles aux Lecteurs
peu avancés en âge, & dignes cependant de l'attention des perfonnes
d'un âge plus mûr & d'un efprit plus
cultivé :

Si preffer avec force les devoirs
réciproques des peres & des enfans,
& ceux auxquels la fociété civile engage tous les hommes depuis ceux

du plus bas étage, jusqu'aux personnes du rang le plus élevé :

Si peindre le vice des couleurs les plus propres à en inspirer de l'horreur, & mettre la vertu dans un si beau jour, qu'on la rende véritablement aimable :

Si tracer des caracteres vrais & bien soutenus :

Si faire naître des incidens fâcheux de causes qui soient naturelles, & exciter la compassion par des motifs convenables :

Si enseigner à l'homme riche quel usage il doit faire de son bien ; à celui que ses passions dominent, comment il peut les vaincre ; & au débauché, de quelle maniere il peut réformer sa conduite de bonne grace, & avec honneur :

Si donner des exemples propres à être imités dans les circonstances les plus délicates & les plus dangereuses, par les filles les plus modestes, & les épouses les plus chastes :

Si remplir toutes ces vues d'une maniere si vraisemblable, si naturelle

& fi vive, qu'elle touche tous les Lecteurs fenfés, & leur faffe prendre un grand intérêt dans l'hiftoire qu'on leur préfente :

Si exécuter ce plan fans donner une feule idée qui puiffe le moins du monde offenfer la modeftie la plus févere, même dans ces circonftances délicates où la plus févere modeftie paroît avoir le plus à appréhender :

Si tout cela, embelli par une grande variété d'incidens agréables, eft digne de louange, & peut rendre un ouvrage recommandable, l'Editeur des Lettres que l'on va lire, qui ne renferment rien qui ne foit vrai, & fondé dans la nature même, ofe affurer que ce petit ouvrage répond exactement à l'idée qu'on vient de donner. Il s'attend donc qu'il fera favorablement reçu du Public ; de forte qu'il croit qu'une plus longue Préface, ou une apologie plus étudiée feroit parfaitement inutile : & cela pour deux raifons ; premiérement parce qu'ayant été lui-même extremement touché en lifant cette hiftoire intéreffante, il peut en appeller fûrement au cœur même de tous ceux qui la liront avec quelque attention : En fecond lieu, parce qu'on doit raifonnablement fuppofer qu'un Editeur juge d'un ouvrage avec une impartialité dont un Auteur n'eft prefque jamais capable, lorfqu'il s'agit de fes propres productions.

A l'Editeur du Livre intitulé PAMELA; ou la VERTU RE'COMPENSE'E.

J'AI lu votre *PAMELA* avec un plaifir inexprimable. Elle répond parfaitement à l'idée que vous en donnez dans votre Préface. Vous n'avez pas dit un mot de trop à la louange d'une piece qui a des avantages & des beautés qui lui font particulieres. Car outre l'agréable fimplicité du ftyle, & la clarté & la jufteffe des expreffions; comme ces Lettres ont été écrites pendant que les impreffions que chaque circonftance qui y eft rapportée devoit faire, étoient encore fraîches, & qu'elles font adreffées à ceux qui avoient droit de connoître les penfées les plus fecretes de celle qui les écrit, il faut néceffairement que les diverfes paffions du cœur y foient dépeintes d'une maniere plus touchante, & que la nature même y foit repréfentée avec plus de vérité & plus d'exactitude qu'on ne le peut faire dans le récit d'une histoire arrivée depuis long tems, & dont on ne sauroit plus se rappeller les circonstances avec les mêmes espérances, les mêmes craintes, les mêmes passions, qu'on a ressenties dans le tems que les choses se sont passées.

J'ose assurer que ce petit ouvrage sera regardé comme un modele dans son genre, & comme un modele qu'on n'a point encore eu jusqu'à présent : car il est rempli d'images vives, & d'incidens naturels, surprenans, & qui ne sont point étrangers à l'histoire qu'on raconte. Les circonstances en sont intéressantes, & pour ceux qui vivent dans la bassesse, & pour ceux qui vivent dans la grandeur. Les bienséances y sont très-bien gardées partout ; les devoirs de la vie civile y sont pressés avec force ; le style y est proportionné au caractere des personnes qui paroissent sur la scene ; l'ouvrage plaît & instruit toujours en même tems ; le vice & la vertu y sont dépeints des couleurs qui leur conviennent, & la Religion y eſt repréſentée dans ſa beauté naturelle, & d'une maniere propre à la rendre aimable. Comme d'un côté on ne lui donne point un air ſombre, triſte & rebutant; de l'autre on a eu ſoin auſſi de ne pas favoriſer le gcût dépravé qui n'eſt que trop à la mode aujourd'hui; je veux dire, qu'on ne l'a point avilie, & qu'on ne lui a rien ôté de ſa dignité & de ſa nobleſſe. Et j'oſe aſſurer, que ſi, outre les beautés de cet ouvrage, on conſidere encore le but que l'Auteur s'y eſt propoſé; on le jugera digne, non ſeulement d'être lu dans toutes les familles, principalement dans celles où il y a des jeunes gens de l'un & de l'autre ſexe, mais auſſi d'occuper une place dans la bibliotheque des Lecteurs les plus curieux & les plus policés. Car comme il n'emprunte aucune de ſes beautés de l'imagination d'un eſprit romaneſque, mais qu'il a ſon fondement dans la vérité & dans la nature, & qu'il eſt établi ſur l'expérience même, il fera toujours eftimé des gens de goût & de bon fens; & d'un autre côté l'agréable variété des évenemens & des caracteres qu'il contient, le fera toujours lire avec plaifir par ceux qui cherchent la gaieté & l'enjouement.

Les réflexions morales, & les ufages que l'on peut tirer des différens évenemens & des caracteres qui y font décrits, font fi bien exprimés à la fin de l'ouvrage, que je ne m'arrêterai pas ici : mais je crois qu'il eft à propos d'avertir le Public d'une chofe que vous m'avez dite; c'eft qu'il paroîtra par plufieurs particularités dont il eft fait mention dans ces Lettres, que l'hiftoire qui y eft racontée, eft arrivée depuis environ trente ans; que vous avez été obligé de changer les noms des perfonnes & des lieux, & de déguifer quelques circonftances, afin de ne pas choquer certaines gens qui feroient fâchés qu'on les défignât trop clairement, quoiqu'ils ne puiffent qu'approuver le bon deffein qu'on fe

propose en publiant cette hiftoire.
Puifque vous avez eu affez de confiance en moi pour me faire juge des
changemens que vous aviez deffein
de faire; je fuis bien aife de voir que
vous les avez faits d'une maniere qui
n'altere point le fond de l'hiftoire, &
que vous avez évité les digreffions pro-
lixes qu'on ne rencontre que trop fou-
vent dans des ouvrages de cette nature.

Petit livre, charmante PAMELA,
préfente-toi hardiment au Public, fois
fûre de trouver des amis & des admi-
rateurs, non feulement dans ta patrie,
mais même dans les pays éloignés;
tu pourras fervir de modele aux Ecri-
vains d'une nation voifine, qui auront
l'occafion maintenant de recevoir de
bon argent fterling, à la place de la
fauffe monnoie qui a eu fi long-tems
cours parmi nous dans des pieces où
l'on ne trouve que la légereté de cette
inconftante nation. Malgré la corrup-
tion du fiecle, la vertu a encore un
bon nombre de partifans. Tu peux

compter fur leur protection. Et puiſſes-
tu convertir tous les libertins obſtinés
entre les mains deſquels tu tomberas !
Puiſſent toutes les jeunes filles qui te
liront imiter la vertu de PAMELA, & ê-
tre récompenſées comme elle ? Je ſuis,

MONSIEUR,

Votre très-humble & très-
fidele ſerviteur,
J. B. D. F.

A mon digne Ami, l'Editeur de
PAMELA.

MONSIEUR,

JE vous renvoie le manuſcrit de
PAMELA, que j'ai lu avec tout le
plaiſir imaginable. Ce petit Ouvrage
eſt écrit avec cet air de vérité & avec
cette ſimplicité aimable, qui, quoique
très-néceſſaires, ſe rencontrent rarement dans les pieces deſtinées à inſtruire & à plaire. Celle-ci touche le
cœur, & perſuade l'eſprit. Les inci-

dens en font fi naturels & fi intéref-
fans, que j'ai fuivi pas à pas votre charmante Heroïne ; j'ai partagé avec elle
toutes fes peines ; j'ai été extremement inquiet dans la crainte où j'é-
tois des terribles conféquences que je
croyois à chaque inftant devoir être
la fuite de la louable réfiftance qu'elle
faifoit : je me fuis intéreffé dans tous
les projets qu'elle formoit pour s'é-
chapper. J'ai été fucceffivement content d'elle, & fâché contre elle durant le tems de fon emprifonnement.
J'ai été content des plans qu'elle formoit, & des moyens qu'elle vouloit
mettre en ufage pour fe délivrer ; &
j'ai été fâché de ce qu'elle fouffroit
que fa peur fît évanouïr tous fes deffeins ; j'ai déploré toujours fon malheur avec un cœur vivement touché
de voir toutes fes efpérances trom-
pées, & tous fes projets avortés. En
un mot, toute la piece eft fi touchante,
qu'il eft impoffible de la lire fans y
prendre un vif intérêt, & fans en être
extremement ému.

Elle renferme mille bonnes leçons ; elle enseigne une morale épurée ; elle met la vertu dans son plus beau jour, & en rend la pratique agréable. La belle Infortunée en suit constamment les maximes, mais sans ostentation & sans orgueil : la vertu est si profondément gravée dans son cœur, que durant tout le cours de ses souffrances, on ne la voit pas hésiter un seul moment pour savoir si elle doit la sacrifier pour satisfaire son ambition, ou pour obtenir sa liberté : mais, comme s'il n'y avoit pas d'autre moyen de se délivrer, elle persévere constamment dans le dessein de conserver son innocence au milieu de toutes les tentations, & de tous les dangers à quoi elle est exposée, résolue de périr plutôt que de faire rien qui puisse ternir sa réputation.

Je ne saurois m'empêcher de remarquer une chose qui m'a paru bien surprenante, & qui mérite qu'on y fasse une attention particuliere. On voit ici une jeune personne, parfaitement belle, née dans la baſſeſſe & dans la pauvreté, qui n'a aucun ami capable de la ſecourir, ni de la protéger ; qui n'a gueres reçu d'autre éducation * que ce qu'elle a pu recueillir de ſes propres obſervations, & du peu qu'elle a lu durant le tems qu'elle a ſervi ſa bonne & généreuſe maîtreſſe ; & qui après avoir goûté l'aiſe & l'abondance dans une ſituation fort au - deſſus de celle dans laquelle elle étoit née, peut cependant ſe réſoudre, & ſe réſoudre avec plaiſir à retourner à ſon ancienne pauvreté, plutôt que de renoncer à ſa vertu. Il eſt bien ſurprenant, dis-je, qu'une jeune perſonne, dans de pareilles circonſtances, ait pu mépriſer l'éclat des richeſſes, & s'expoſer à l'indigence ; qu'elle ait été capable de ſe conduire avec tant de ſageſſe & tant de prudence au milieu de toutes les peines, de tous les chagrins,

---

* L'Auteur de cette lettre ſemble avoir oublié que la maîtreſſe de Pamela l'avoit élevée à peu près comme ſi elle eût été ſa propre fille.

&

& de tous les maux qu'elle a eu à souffrir ; qu'elle ait réfifté aux appas féduifans, & aux offres prefque ir-réfiftibles d'un très - galant homme, généralement aimé & eftimé à caufe des agrémens de fa perfonne, & de fes bonnes qualités ; qu'elle ait fu rompre avec tant d'adreffe toutes fes mefures, & l'obliger enfin de re-noncer à fes deffeins criminels, de facrifier fon orgueil & fon ambition à la vertu de cette fille, & de de-venir le protecteur de cette même in-nocence qu'il avoit fi long-tems tâ-ché de corrompre : qu'elle l'ait enfin engagé à l'époufer, fans qu'elle en eût eu auparavant aucun deffein, ni mê-me la moindre penfée ; fans qu'elle eût employé aucun artifice pour l'en-flammer ; fans qu'elle eût pris des airs de coquette pour le tenter & pour l'attirer ; fans qu'elle eût affecté d'être prude pour augmenter fa paf-fion ; puifqu'au contraire elle étoit fans artifice, & qu'elle n'avoit au-cune connoiffance des rufes & des

tromperies des femmes de ce fiecle ;
tous fes foins, & même tous fes defirs ne tendoient qu'à fe rendre auffi
peu aimable qu'elle pouvoit aux yeux
de fon maître. Cependant elle étoit
fi éloignée d'avoir la moindre aver-
fion pour fa perfonne, qu'elle étoit
plutôt prévenue en fa faveur, efti-
mant fes bonnes qualités au même
tems qu'elle condamnoit la paffion
qu'il avoit pour elle. Voilà un grand
exemple de renoncement à foi-mê-
me ! Ses refus même étoient autant
d'attraits ; plus elle réfiftoit & plus
elle charmoit ; les moyens qu'elle
employoit pour défendre fa vertu ne
faifoient qu'augmenter le danger où
elle étoit, en enflammant de plus en
plus la paffion de fon maître ; jufques à ce qu'enfin par une défenfe
courageufe & conftante, celle qui
étoit affiégée, non-feulement rempor-
ta une glorieufe victoire fur celui qui
l'affiégeoit, mais le prit auffi lui-même prifonnier.

Je fuis charmé des belles réfle-

xions qu'elle fait durant le cours de
ses malheurs : ses soliloques, & les
petits raisonnemens qu'elle fait avec
elle-même sont très-agréables & très-
jolis ; elle découvre à son pere & à
sa mere tout le fond de son ame
sans aucun déguisement, de sorte
qu'on peut connoître, j'ai pensé dire,
qu'on peut voir les recoins les plus
cachés de son cœur, source pure de
vérité & d'innocence, d'où il ne peut
partir que des sentimens vertueux,
& des pensées toutes saintes.

Je ne saurois concevoir pourquoi
vous hésiteriez un moment à publier
cette piece si peu commune. Je souhaite de la voir imprimée dans sa simplicité naturelle, qui touchera le Lec-
teur & lui plaira plus que tous les traits
d'éloquence qu'on pourroit y ajouter, & qui ne feroient que la gâter.
Si vous souffriez qu'une main meur-
triere vînt l'orner de décorations su-
perflues & inutiles, qui, comme trop
de draperie dans des tableaux ou sur
des statues, ne font qu'embarrasser,

cela ne serviroit qu'à déguiser les faits, qu'à gâter les réflexions, & à rendre les incidens peu naturels ; l'histoire seroit pour ainsi dire noyée dans une multitude de grands mots & de phrases pompeuses ; ce seroit changer la substance solide en une ombre vaine, ou plutôt tourner la solidité Angloise en crême fouettée. Non, ayons Pamela, telle que Pamela s'est représentée elle-même ; conservons ses propres expressions sans retranchement & sans addition. Produisez-là dans son joli habit de paysanne, ainsi qu'elle parut lorsqu'elle comptoit de retourner chez ses parens ; c'est l'habit qui convient le mieux à son innocence & à son aimable simplicité. C'est dans cet état qu'elle plaira le plus. Les grands traits d'éloquence peuvent surprendre & amuser : mais ils ne font jamais de profondes impressions sur l'esprit.

En un mot, Monsieur, le Public a grand besoin d'une piece comme celle-ci : le monde n'eſt que trop & que trop corrompu par des Romans pernicieux. Je n'en connois point dont j'oſaſſe recommander la lecture aux jeunes gens de l'un ou de l'autre ſexe ; moins encore voudrois-je les leur propoſer comme des ouvrages où ils trouveroient des exemples propres à être imités. Tous ceux que j'ai lus juſques ici ne tendent qu'à gâter le jugement, à corrompre le cœur, & à inſpirer à la jeuneſſe l'eſprit de galanterie, & l'amour des plaiſirs défendus.

Publiez donc pour leur propre intérêt cette piece propre à les divertir & à les inſtruire en même tems. L'honneur du beau ſexe exige de vous que vous leur donniez *Pamela*, afin qu'on voie en ſa perſonne une héroïne preſque ſans pareille, qui s'eſt conduite avec ſageſſe dans les fàcheuſes circonſtances où elle s'eſt trouvée, & de qui ni tentations ni ſouffrances n'ont pu vaincre la vertu. C'eſt un glorieux exemple que les Belles doivent imiter. Notre sexe aussi demande de vous cet ouvrage, afin que nous puissions nous justifier en quelque sorte de l'accusation qu'on nous intente d'être incapables de recevoir les impressions de l'honneur & de la vertu, & afin de montrer aux Dames que nous ne sommes pas inexorables lorsqu'elles refusent constamment de se rendre à nos sollicitations criminelles

Il est de l'intérêt de la vertu en général que vous donniez cette piece au public. Rendez - vous donc, Monsieur, aux instances réunies des deux sexes : Donnez - nous *Pamela* pour l'avantage du genre humain. Et comme je suis persuadé que ses beautés ne sauroient être long - tems cachées & qu'il n'y a point de famille où on ne veuille avoir *Pamela*, je suis sûr aussi que chaque famille qui l'aura en deviendra plus vertueuse : Elle formera le tendre cœur de la jeunesse, & lui apprendra à pratiquer les regles de la vertu & de l'honneur ; elle confirmera dans de bons principes les gens d'un âge plus avancé ; elle corrigera les vicieux ; & réformera les mœurs de ce siecle ; de sorte que Pamela deviendra le sujet de l'imitation de toutes les jeunes Dames de la grande Bretagne ; & le généreux Bienfacteur & Rémunérateur de cette aimable fille sera l'admiration des hommes, & l'exemple qu'ils se proposeront de suivre. Je suis, Monsieur,

Votre très-affectionné ami, &c.

PAMELA;

PAMELA;
OU
LA VERTU
RÉCOMPENSÉE.

LETTRE I.

Mes très-chers Pere & Mere ,

J'AI à vous communiquer un grand sujet de chagrin , accompagné pourtant de quelque confolation : voici le chagrin ; c'eſt que ma bonne maîtreſſe eſt morte de la maladie dont je vous ai parlé. Elle nous a laiſſé tous dans une extrême affliction ; car c'étoit une maîtreſſe pleine de bonté & d'indulgence pour tous ſes domeſtiques. Je craignois beaucoup , que comme j'étois entrée chez elle pour être ſa Fille-de-Chambre, je

ne me viſſe de nouveau hors de condition,
& obligée de retourner chez vous, qui n'avez
déja que trop de peine à vous entretenir vous-
mêmes. Et comme ma maîtreſſe avoit eu la
bonté de me faire apprendre à écrire & à
coudre, qu'elle m'avoit fait enſeigner l'A-
rithmétique, & bien d'autres choſes au-deſſus de mon état, il n'auroit pas été facile de
trouver une autre condition, pour laquelle
votre pauvre Pamela eût été propre. Mais
tandis que ma bonne maîtreſſe étoit ſur ſon
lit de mort, & juſtement une heure avant
qu'elle expirât, Dieu, dont nous avons ſi
ſouvent éprouvé la protection dans le beſoin,
lui mit au cœur de recommander tous ſes
domeſtiques l'un après l'autre à mon jeune
maître ; & lorſque ce fut mon tour de lui
être recommandée (j'étois au chevet de ſon
lit, pleurant & ſanglotant) elle ne put d'a-
bord dire que ces paroles, *Mon cher Fils....*
elle s'arrêta un moment ; puis reprenant un
peu ſes eſprits, elle ajouta, *Souviens-toi de la
pauvre Pamela.* Ce furent-là preſque ſes dernieres paroles. Mes yeux ſe fondent en larmes... ne ſoyez pas ſurpris de voir ce papier ſi plein de taches.

Que faire? Il faut que la volonté de Dieu ſoit
faite.... Voici maintenant le ſujet de conſolation. C'eſt que je ne ſerai pas obligée de
m'en retourner pour être à charge à mes chers

Pere & Mere : car mon maître nous a dit :
Je prendrai foin de chacune de vous, mes filles ; & pour toi, Pamela, ajouta t-il, en me
prenant la main, (ouï en vérité, il me prit la
main en préfence de toutes les autres filles)
je veux être ton ami pour l'amour de ma
chere Mere ; tu prendras foin de mon linge.
Dieu le beniffe ! & vous, mon cher Pere &
ma chere Mere, priez Dieu avec moi qu'il
répande fes bénédictions fur lui : car il a fait
mettre en deuil tous les domeftiques de
ma maîtreffe, & leur a fait préfent à chacun
d'un an de gages. Par rapport à moi, comme je n'avois point encore de gages, ma
maîtreffe m'ayant promis de me traiter felon
que je me conduirois, il a ordonné à la ménagere, de me mettre en deuil comme les
autres, & il m'a donné de fa propre main
quatre Guinées d'or, & quelques pieces
d'argent, qu'il y avoit dans la bourfe de
ma maîtreffe, lorfqu'elle mourut ; & il m'a
dit que fi j'étois une bonne fille, diligente &
fidele, il feroit mon ami pour l'amour de
fa Mere. Je vous envoie ces quatre Guinées pour vous confoler ; car la Providence
ne me laiffera pas manquer. Vous pouvez en
employer une partie à payer quelques vieilles
dettes, & garder le refte pour vos befoins.
Si j'en reçois davantage, je fai qu'il eft
de mon devoir de vous témoigner ma recon-

noiſſance en prenant ſoin de vous, & je n'y manquerai pas : car vous avez eu ſoin de moi lorſque je ne pouvois pas encore m'aider moi-même. Vous avez eu ſoin de tous vos enfans, car que ſerions-nous devenus tous ſans cela ? Je vous envoie ceci par notre valet Jean, qui va de votre côté : mais il ne ſait pas ce qu'il vous apporte, car j'ai mis les Guinées dans une petite boête à pillules, qui étoit à ma maîtreſſe, & je les ai enveloppées dans du papier, afin qu'elles ne ſonnaſſent point. Prenez garde à ne point ouvrir la boête devant lui.

Je ſais, mes chers Pere & Mere, qu'il faut que je vous donne du chagrin auſſi-bien que du plaiſir ; j'ajouterai ſeulement, Priez pour votre Pamela, qui ſera toute ſa vie,

Votre très-obéiſſante Fille.

Je viens d'avoir la plus grande frayeur du monde : juſtement comme je pliois cette lettre dans la chambre de ma défunte maîtreſſe, mon jeune maître eſt entré. Mon Dieu ! qu'il m'a effrayée ! J'allois cacher la lettre dans mon ſein, lorſque lui me voyant toute tremblante, ma dit en ſouriant, A qui viens-tu d'écrire, Pamela ? J'ai répondu pleine de confuſion, je vous demande pardon, Monſieur, c'eſt ſeulement à mon Pere & à ma Mere. Eh bien, a-t-il dit, montre-moi quels progrès tu as fais dans l'écriture. Ah! que j'étois honteuse! Dans le trouble où il me voyoit, il a pris la lettre sans rien dire davantage, & l'a lue d'un bout à l'autre, puis il me l'a rendue. Je vous demande pardon, Monsieur, lui dis - je. Je ne sai pourtant pourquoi je parlois ainsi : car comme il a toujours été très-respectueux envers ses parens, pourquoi trouveroit-il mauvais que j'eusse le même respect pour les miens ? Aussi n'étoit-il pas fâché ; car il me prit la main, & me dit, Tu es une bonne Fille, Pamela, d'en agir si généreusement envers ton Pere & ta Mere qui sont âgés. Je ne suis point en colere contre toi. Sois diligente & fidele ; fais ce que tu dois ; ce que je viens de voir fait que tu n'en es que plus à mon gré. Puis il dit, Eh quoi, Pamela, tu peins joliment, & ton orthographe est passablement bonne. Je vois que les soins que ma bonne Mere a pris de ton éducation n'ont pas été perdus. Elle avoit coutume de dire que tu aimes la lecture : tu peux choisir parmi les livres qu'elle a laissés ceux que tu voudras lire pour cultiver ton esprit, pourvu que tu prennes soin de ne les pas gâter. Pendant qu'il parloit ainsi je ne faisois certes que faire la révérence & pleurer : j'étois toute confuse de ses bontés. En vérité, c'est, je crois, le meilleur Gentilhomme qu'il y ait au monde. Mais je m'aperçois que ceci devient une autre longue lettre; je finirai donc en ajoutant seulement que je ferai toute ma vie,

Votre très-obéiſſante Fille,
PAMELA ANDREWS.

LETTRE II.

Réponſe à la précédente.

Ma chere PAMELA,

TA lettre a certainement cauſé beaucoup de chagrin à ta Mere & à moi : elle nous a donné pourtant quelque conſolation. Nous ſommes en vérité très-affligés de la mort de ta bonne maîtreſſe, qui prenoit tant de ſoin de toi, qui te donnoit une ſi bonne éducation, & qui durant trois ou quatre ans t'a fait préſent d'habits, de linge, & de hardes, qu'une Demoiſelle n'auroit pas honte de porter. Mais ce qui nous inquiete le plus, c'eſt la crainte où nous ſommes que te voyant élevée ſi fort au - deſſus de ton rang, tu ne te laiſſes entraîner à commettre quelque choſe de honteux & de criminel. Tout le monde dit que tu es devenue grande & bienfaite; quelques-uns ajoutent que tu es fort jolie; & en vérité, si tu n'étois pas ma fille, je l'aurois cru aussi-tôt que je te vis la derniere fois il y a six mois. Mais à quoi tout cela sert-il, si tu es perdue & ruinée sans ressource? En vérité, ma chere enfant, nous commençons à craindre extremement pour toi. Car que signifient toutes les richesses du monde, lorsqu'on a une mauvaise conscience, & qu'on se conduit mal? Il est vrai que nous sommes fort pauvres, & que nous avons beaucoup de peine à vivre, quoiqu'autrefois nous ayions été plus à notre aise, comme tu sais. Mais nous aimerions mieux ne vivre que d'eau, & de la terre des fossés que je suis obligé de creuser, que de vivre dans l'abondance, si elle étoit le prix de la chasteté de notre chere enfant.

Je me flatte que le bon Gentilhomme n'a aucun mauvais dessein : mais qu'il t'ait donné tant d'argent, qu'il t'ait parlé avec tant de bonté, qu'il ait si fort loué les progrès que tu as faits, &, oh! paroles fatales, qu'il t'ait dit, *fais ce que tu dois*, & que tu *n'en es que plus à son gré*, c'est ce qui nous cause une crainte mortelle.

J'en ai parlé à la bonne femme *Mumford*; tu sais que cette honnête veuve a demeuré autrefois dans de bonnes familles; elle nous a un peu rassurés : car elle nous a dit, que

c'eſt aſſez la coutume, l'orſqu'une Dame
meurt, de donner l'argent qu'elle a ſur elle à
ſa Fille de Chambre, & à celles de ſes femmes qui l'ont veillée durant ſa maladie. Mais
encore, pourquoi te regarderoit-il avec tant
de bonté ? Pourquoi prendroit-il la main
d'une pauvre fille comme toi, comme tu dis
dans ta lettre qu'il a fait deux fois? Pourquoi s'abaiſſeroit-il juſqu'à lire la lettre que
tu nous écris, & à louer ton écriture & ton
orthographe ? Et pourquoi te donneroit-il la
permiſſion de lire les livres de ſa Mere? En vérité,en vérité,ma très-chere Enfant,nous trem-
blons de peur à ton occaſion: & puis, tu té-
moignes tant de joie des bontés qu'il a pour
toi, tu parois ſi charmée de ſes expreſſions
pleines de douceur, (qui ſont, je l'avoue,
une grande grace qu'il te fait, s'il n'a que de
bons deſſeins) que nous craignons.... ouï,
ma chere fille, nous craignons que tu ne ſois
que trop reconnoiſſante, & que tu ne le ré-
compenſes en lui ſacrifiant ta vertu, ce joyau
que ni richeſſes, ni faveurs, ni rien au monde ne ſauroit payer.

Moi auſſi, je t'ai écrit une longue lettre.
J'ajouterai pourtant encore une choſe; c'eſt
qu'au milieu de notre pauvreté & de nos
malheurs, nous nous ſommes toujours con-
fiés en la bonté de Dieu : nous avons toujours conſervé notre probité, & nous ne dou-

tons point d'être heureux ci-après , pourvu
que nous perfévérions dans la pratique de la
vertu , quoique notre fort foit fort trifte ici-
bas. Mais fi notre chere fille venoit à perdre
fon innocence , ce nous feroit une affliction
infupportable , qui feroit defcendre tout d'un
coup avec douleur nos cheveux blancs au
fépulcre.

Si donc tu nous aimes , fi tu fais cas de la
bénédiction de Dieu , fi tu as quelque égard
pour ton propre bonheur à venir , nous t'or-
donnons l'un & l'autre d'être fur tes gardes ;
& fi tu t'aperçois qu'on entreprenne la moindre chofe contre ta vertu , ne manque pas de
quitter tout , & de nous venir trouver au
plutôt. Nous aimons mieux te voir couverte de haillons , & aller même à ton enterre-
ment , que fi l'on pouvoit dire , qu'une fille
qui nous appartient , à préféré des avantages
temporels à fa vertu.

Nous acceptons avec plaifir le préfent que
tu nous fais , comme un témoignage de ton
amitié & de ton refpect ; mais jufques à ce
que nous foyons hors d'inquiétude , nous ne
faurions en faire aucun ufage , crainte de
partager le prix de l'infamie de notre pauvre
fille. Nous avons enveloppé les Guinées dans
un linge , & nous les avons cachées parmi le
chaume au - deffus de la fenêtre , de peur
qu'on ne nous les vole; nous te donnons no-

tre bénédiction ; nous prions Dieu pour toi,
& sommes,

Tes inquiets , mais affectionnés Pere & Mere,
JEAN, *&* ELISABETH ANDREWS.

LETTRE III.

Mon très - cher Pere,

IL faut que je l'avoue ; votre lettre m'a
causé beaucoup d'inquiétude. Car au lieu
qu'auparavant mon cœur étoit pénétré de re-
connoissance pour les bontés de mon maître , votre lettre m'a remplie de soupçons
& de crainte. Je me flatte pourtant encore
qu'il ne fera jamais rien qui soit indigne de
lui : car que gagneroit-il en causant la ruine
d'une pauvre jeune Créature ? Mais ce qui
m'afflige le plus , c'est que vous paroissez
vous méfier de la vertu de votre enfant.
Non , mon cher Pere & ma chere Mere,
soyez assurés que je ne ferai jamais rien qui
puisse faire descendre vos cheveux blancs
avec douleur au sépulcre. Je mourrai de mille morts plutôt que de manquer le moins du
monde à mon devoir. Soyez-en assurés, &
que votre cœur soit en repos. Car quoique pendant quelque tems j'aie vécu d'une
maniere qui est au-dessus de ma qualité, je

puis cependant retourner avec plaiſir à mes haillons & à ma pauvreté ; je puis me contenter de pain & d'eau , & je m'y réduirai plutôt que de perdre ma réputation , quel que ſoit celui qui me tentera ; ſoyez-en perſuadés & ayez meilleure opinion de

Votre très-obéiſſante Fille juſques à la mort.

Mon maître continue toujours à être très-affable à mon égard. Juſques-à-préſent je ne vois aucune raiſon de rien craindre. Mad. Jervis la ménagere me traite d'une maniere fort obligeante ; & j'ai gagné l'amitié de tous les autres domeſtiques. Certainement il eſt impoſſible qu'ils aient formé tous de mauvais deſſeins contre moi , ſeulement parce qu'ils ſont polis envers moi. Je me flatte que je me conduirai de maniere que tout le monde ait des égards pour moi, & que perſonne ne me veuille faire plus de mal , que je ne voudrois leur en faire moi-même. Notre valet Jean va ſi ſouvent dans vos quartiers, que je l'engagerai à paſſer toujours chez vous , afin que vous puiſſiez avoir ſouvent de mes nouvelles, ſoit de bouche , ſoit par lettre ; car plus j'écris, plus ma main ſe forme.

LETTRE IV.

Ma très-chere Mere,

CAR ma derniere lettre étoit adreſſée à mon Pere, en réponſe à la ſienne; c'eſt pourquoi je veux aujourd'hui vous
écrire à vous, quoique je n'aie à vous dire
que des choſes qui me feront paroître une
vaine petite impertinente. J'eſpere pourtant,
que je ne ſerai jamais aſſez fière pour m'oublier moi-même. Il faut avouer cependant
qu'on a un plaiſir ſecret à s'entendre louer.
Vous ſaurez donc, que Mylédy Davers, (il
n'eſt pas néceſſaire de vous dire que c'eſt la
ſœur de mon maître) a paſſé un mois chez
nous : elle a eu beaucoup d'égards pour moi,
elle m'a conſeillé d'être toujours très - réſervée ; elle a eu la bonté de me dire, que
j'étois une fort jolie fille, que tout le monde
diſoit du bien de moi, & m'aimoit; elle m'a
conſeillé de ne me jamais familiariſer avec
les garçons, mais de les tenir toujours dans
le reſpect ; que ce ſeroit même le moyen de
m'attirer leur eſtime.

Mais ce qui m'a fait le plus de plaiſir,
c'eſt ce que je vais vous raconter. A table,
comme Mad. Jervis me l'a rapporté, mon
Maître & Mylédy Davers parlant de moi,

elle lui dit, qu'elle me croyoit la plus jolie
fille qu'elle eût jamais vue; que j'étois trop
jolie pour demeurer dans la maiſon d'un
garçon ; & que quelque femme qu'il épou-
ſât, il n'y en auroit point qui voulût me
ſouffrir à ſon ſervice. Il lui répondit, que
j'avois fait de grands progrès; que j'avois
beaucoup de prudence, & du bon ſens au-
deſſus de mon âge; & que ce ſeroit grand
dommage, que ce qui faiſoit mon mérite,
devînt la cauſe de mon malheur. Non, dit
la bonne Dame, Pamela viendra demeurer
avec moi. De tout mon cœur, répondit mon
maître, je ſerai charmé de la voir ſi bien
pourvue. Hé bien, dit - elle, je conſulterai
Mylord là-deſſus. Elle demanda quel âge
j'avois: Mad. Jervis répondit, que j'avois
eu quinze ans au mois de Février paſſé. Oh!
dit-elle, ſi cette créature, (car c'eſt ainſi
qu'elle nous appelle toutes nous autres ſervantes) veut prendre garde à elle, elle deviendra plus accomplie encore, tant par
rapport au corps que par rapport à l'eſprit.

Maintenant, mes chers Pere & Mere,
quoique ce que je viens de rapporter puiſſe
paroître trop vain venant de moi, ne vous
réjouïſſez-vous pas auſſi bien que moi, de
voir que mon maître ſoit ſi prêt à ſe ſéparer
de moi ? Cela fait bien voir qu'il ne penſe
rien de criminel. Mais Jean va partir, ainſi

je n'ai le tems que de vous dire, que je fuis & ferai toujours

Votre vertueufe auffi bien que très-obéiffante Fille.

Je vous prie de vous fervir de l'argent : vous pouvez le faire à préfent **en** toute fûreté.

LETTRE V.

Mes très-chers Pere & Mere,

COmme Jean va dans vos quartiers, j'ai envie de vous écrire, parce qu'il eft toujours difpofé à vous porter mes lettres, ou quoi que ce foit que je vous envoie. Il dit qu'il a un plaifir infini à vous voir l'un & l'autre, & à vous entendre parler ; que vous avez tous deux tant de bon fens, & tant de vertu, qu'il apprend toujours de vous quelque chofe d'utile. C'eft grand domm- age, dit-il, encore, que des perfonnes d'une fi grande probité n'aient pas mieux réuffi dans le monde. Il s'étonne que vous, mon Pere, qui êtes fi capable d'enfeigner, & qui écrivez fi bien, n'ayiez pas eu un meilleur fuccès dans l'Ecole que vous aviez levée ; & que vous foyez obligé de gagner votre vie par un fi rude travail. Mais je tire plus de vanité d'être née de parens si vertueux, que si j'étois la fille d'une Dame de qualité.

Je n'entens point encore parler d'aller chez Mylédy Davers : & je suis fort tranquille ici à présent ; car Mad. Jervis me traite comme si j'étois sa fille. C'est une trèsbonne femme, qui regarde l'intérêt de son maître comme le sien propre. Elle me donne continuellement de bons conseils ; & je crois, qu'après vous deux, je l'aime plus que qui que ce soit au monde. Elle a su si bien régler le ménage, & le tient en si bon ordre, que nous avons tous un grand respect pour elle. Elle prend plaisir à m'entendre lire devant elle, mais elle n'aime à entendre que de bons livres : nous lisons toutes les fois que nous sommes seules, de sorte qu'il me semble alors que je suis chez vous. Elle entendit un jour Henry un de nos domestiques, qui n'est pas le plus honnête homme du monde, me parler un peu librement ; il m'appelloit, je pense, *sa chere Pamela*, & me saisit, comme s'il avoit voulu me baiser : vous pouvez croire, que j'en fus fort en colere. Mad. Jervis se mit à le gronder sérieusement, & se fâcha beaucoup contre lui ; elle me dit qu'elle étoit très-contente de ma sagesse & de ma modestie, & de ce que je savois tenir les garçons en respect. Il est vrai, que dans le fond je ne fuis pas fiere , & que j'en agis civilement envers tout le monde ; cependant je ne faurois fouffrir d'être regardée en face par les valets , qui vous envifagent comme s'ils vouloient vous voir jufques dans l'ame. Comme pour l'ordinaire je déjeûne , je dîne , & je foupe avec Mad. Jervis , tant elle a de bonté pour moi , j'ai peu d'occafions de parler aux autres domeftiques , & j'en fuis fort aife. Ce n'eft pas qu'ils ne foient en général affez honnêtes à mon égard , à caufe de Mad. Jervis , parce qu'ils voient qu'elle m'aime : & ils la craignent , parce qu'ils favent qu'elle eft née Demoifelle , quoiqu'elle ait eu le malheur d'être réduite à fervir.

Je vois que je vais faire encore une longue lettre , car j'aime à écrire , & je vous en-nuierai. Mais lorfque j'ai commencé ma let-tre je n'avois deffein que de vous dire , que je ne crains plus aucun danger maintenant. Et en vérité je m'admire moi-même , d'avoir été affez folle pour m'inquiéter comme j'ai fait , (quoique l'avertiffement que vous m'a-vez donné fût un effet de votre amité , qui vous rend circonfpects.) Je fuis fûre que mon maître ne voudroit pas s'abaiffer & fe déshonorer , pour caufer la perte d'une pau-vre fille comme moi : & vous favez que cela le ruineroit de réputation , auffi bien que moi ; & il peut fans doute fe marier dans

une

une des meilleures familles du pays. Mais en voilà affez pour aujourd'hui: Je fuis

Votre très-obéiffante Fille.

LETTRE VI.

Mes très-chers Pere & Mere ,

MON maître a eu bien des bontés pour moi depuis ma derniere, car il m'a donné une partie des hardes de feue ma maîtreffe; favoir, un habit complet, une demi-douzaine de chemifes, fix mouchoirs fins, trois tabliers de Cambray, & quatre de toile de Hollande. L'habit eft d'une belle étoffe de foie , trop riche fans doute, & trop bon pour moi : je voudrois que ce ne fût pas faire un affront à mon maître, que de vendre cet habit, je vous en envoyerois l'argent, ce qui me feroit bien plus agréable.

Vous allez être remplis de crainte, vous allez vous imaginer, qu'on a quelque mauvais deffein ; mais je vous dirai qu'il étoit avec Mad. Jervis lorfqu'il me donna ces hardes , & il lui donna en même-tems à elle quantité de bonnes nippes, qu'il la pria de porter en mémoire de Mad. fa Mere, qui avoit été la bonne amie de Mad. Jervis. Et lorfqu'il me donna cet habit & le refte ,

Voilà qui eſt pour toi, Pamela, dit-il, fais faire l'habit propre pour ta taille, & quand tu quitteras le deuil, tu porteras cet habit pour l'amour de ta maîtreſſe. Mad. Jervis te rend un bon témoignage; je ſouhaite que tu te conduiſes toujours avec autant de ſageſſe, que tu as fait juſques-à-préſent, & alors tout le monde t'aimera.

Je fus ſi ſurpriſe de ſa bonté que je ne ſavois que dire. Je lui faiſois la révérence, & à Mad. Jervis auſſi, à cauſe du bon témoignage qu'elle m'avoit rendu; & je lui dis à lui, que je ſouhaitois de pouvoir mériter ſes bonnes graces, & que je ferois tout ce qui dépendroit de moi pour y réuſſir.

Oh! que c'eſt une choſe aimable que de faire du bien! C'eſt tout ce que j'envie aux Grands.

J'ai toujours cru que mon jeune maître eſt un galant-homme, comme tout le monde le dit. Mais il nous a donné à nous deux toutes ces belles nippes d'un air ſi gracieux, qu'il me paroiſſoit un Ange.

Mad. Jervis dit qu'il lui demanda ſi j'étois réſervée avec les valets; car il dit que j'étois fort jolie, & que ſi je me laiſſois attraper par quelqu'un, ce pourroit être ma perte, & le moyen de me rendre pauvre & malheureuſe de bonne heure. Elle ne manque jamais de dire du bien de moi, & profita de cette

occafion pour s'étendre fur mes louanges:
mais je me flatte qu'elle n'en a point dit plus
que je ne tâcherai d'en mériter, quoique je ne
les mérite pas encore. Je fuis afsurée, qu'a-
près vous, mon cher Pere, & ma chere
Mere, elle eft la perfonne que j'aimerai toujours le plus. Je fuis

Votre très-obéiffante Fille.

LETTRE VII.

Mon très-cher Pere,

DEpuis ma derniere mon maître m'a
donné encore beaucoup de bonnes &
belles nippes. Il me fit monter dans le cabinet de ma maîtreffe, & ayant ouvert fes
tiroirs, il me donna deux coëffures de dentelle de Flandre très-fine, trois paires de
fouliers de foie, dont il y en a deux qui ont
à peine été portés, & qui me vont fort bien,
car ma maîtreffe avoit le pied extremement
petit; à la troifieme paire il y avoit des
boucles d'argent fort belles. Il me donna
auffi des rubans & des fontanges de toutes
les couleurs, quatre paires de beaux bas de
cotton blanc, trois paires de bas de foie,
& deux corps de jupe fort riches. J'étois
toute étonnée, & je fus un tems fans pou-

voir parler. J'avois honte en moi-même de prendre les bas, car Mad. Jervis n'étoit pas là ; si elle y eût été, ce n'auroit été rien. Je les reçus, je crois, de fort mauvaise grace ; car il sourit, & dit, Ne rougis point, Pamela, penses-tu que je ne sache pas que les jolies filles portent des souliers & des bas.

Ces paroles me déconcerterent si fort, qu'un souffle m'auroit fait tomber. Car vous pensez-bien, qu'il n'y avoit point de réponse à faire à cela : ainsi, comme une sotte, j'étois prête à pleurer. Je me retirai en faisant la révérence, & en rougissant jusqu'aux oreilles, j'en suis sûre : car quoiqu'il n'y eût point de mal dans ce qu'il avoit dit, je ne savois pourtant comment le prendre. Je fus raconter le tout à Mad. Jervis, qui me dit, que Dieu lui avoit mis au cœur de me faire du bien, & que je devois redoubler mes soins & ma diligence. Il lui paroissoit, disoit-elle, qu'il vouloit m'habiller de maniere que je fusse propre à être la Fille-de-Chambre de Mylédy Davers elle-même.

Cependant vos avertissemens tendres & paternels me revinrent dans l'esprit, & furent cause que je n'estimai pas ses présens à beaucoup près tant que j'aurois fait. Je me flatte pourtant qu'il n'y a aucune raison de craindre. Car quel bien lui reviendroit-il d'avoir causé la perte d'une pauvre & simple fille comme moi ? D'ailleurs aucune fille de diſtinction ne voudroit ſans doute le regarder, s'il s'é-toit ainſi déshonoré lui-même. Je me tran-quilliſerai donc, & certes je n'aurois jamais eu la moindre crainte, ſi vous ne me l'aviez pas miſe dans la tête ; mais je ſai que c'étoit pour mon avantage. Et peut-être que ſi ces inquiétudes ne s'étoient pas mêlées avec ſes faveurs, je n'en ſerois trop enorgueillie. Ainſi je conclus, que tout arrive pour notre bien : & Dieu vous beniſſe, mon cher Pere & ma chere Mere ; je ſai que vous implo-rez conſtamment ſes bénédictions ſur moi, qui ſuis & ſerai toujours

Votre très-obéiſſante Fille.

LETTRE VIII.

Ma chere Pamela,

JE ne puis que te renouveller mes avis ſur la bonté que ton maître te témoigne, & ſur ſes expreſſions libres au ſujet des bas. Peut-être qu'il n'a eu aucun mauvais deſſein, je m'en flatte. Mais lorſque je conſidere qu'il eſt poſſible qu'il eût quelque deſſein ; & que s'il en a eu, le bonheur de ma fille dans ce monde & dans l'éternité en dépend, c'en eſt aſſez pour me faire trembler. Arme-toi, ma chere enfant, pour le pis qui peut t'arriver ; réſous-toi de perdre la vie plutôt que ton honneur. Quand même les ſoupçons que je t'ai fait naître, diminueroient le plaiſir que tu aurois autrement goûté des faveurs de ton maître, qu'eſt-ce que ce plaiſir que peuvent cauſer quelques belles hardes, au prix d'une bonne conſcience ?

Il eſt vrai que les préſens dont il te comble ſont très-conſidérables, mais par cela même ils doivent être plus ſuſpects. Et lorſque tu dis qu'il avoit un air ſi aimable, qu'il paroiſſoit comme un Ange ; que je crains que ſes préſens n'aient fait trop d'impreſſion ſur toi ! Car quoique tu aies plus de bon ſens & plus de prudence qu'on n'en a communément à ton âge, je tremble pourtant lorſque je réfléchis à quels dangers une pauvre fille d'un peu plus de quinze ans eſt expoſée, au milieu des tentations de ce monde, & de la part d'un jeune Gentilhomme mal intentionné, ſuppoſé qu'il le ſoit, qui a le pouvoir d'obliger, & une eſpece d'autorité de commander en qualité de maître.

Je t'ordonne donc, ma chere Enfant, ſi tu veux avoir notre bénédiction, tout pauvres que nous ſommes, d'être ſur tes gardes : il ne ſauroit y avoir du mal à cela ; & puiſque Mad. Jervis eſt une femme ſi vertueuſe,

& qu'elle a tant de bonté pour toi , j'en fuis beaucoup plus tranquille & ta Mere auffi. Nous nous flattons que tu ne lui cacheras rien , & que tu fuivras fes confeils en tout. Ainfi , en te donnant notre bénédiction , & en t'affurant que nous prierons Dieu pour toi, plus que pour nous-mêmes , nous fommes

Tes très-affectionnés Pere & Mere.

Prens garde de ne te pas enorgueillir de ce qu'on te dit que tu es jolie , car tu ne t'es pas faite toi-même ; ainfi tu ne peux mériter aucune louange de ce côté-là. La probité & la vertu font feules la véritable beauté. Souviens toi de cela , Pamela.

LETTRE IX.

Mes très-chers Pere & Mere ,

JE fuis bien mortifiée d'avoir à vous dire que l'efpérance que j'avois conçue d'aller chez Mylédy Davers eft entierement évanouïe. Mylédy vouloit m'avoir ; mais mon maître, comme je l'ai appris il y a un moment, n'a pas voulu y confentir. Il dit que le Neveu de Mylédy pourroit devenir amoureux de moi , que je pourrois le féduire, ou en être féduite ; & comme fa Mere m'aimoit, & m'avoit recommandée à ſes ſoins, il croyoit, dit-il, qu'il étoit de ſon devoir de me garder chez lui, & que Mad. Jervis me ſerviroit de Mere. Mad. Jervis m'a dit, que Mylédy ſecoua la tête, & dit *Ah! mon Frere*, & pas davantage: & comme vous m'avez rendue ſoupçonneuſe par vos avertiſſemens, j'ai de tems en tems de triſtes preſſentimens. Je ne parle pourtant pas encore de vos avertiſſemens, ni de mes inquiétudes à Mad. Jervis, non pas que je me défie d'elle, mais de peur qu'elle ne me croie vaine, préſomptueuſe, & trop remplie de bonne opinion de moi-même, vu l'extrême diſtance qu'il y a entre un homme ſi riche & Gentilhomme, & une pauvre fille comme moi. Cependant Mad. Jervis elle-même paroiſſoit tirer quelques conſéquences, de ce que Mylédy Davers avoit ſecoué la tête, & s'étoit écriée, *Ah! mon Frere*, ſans rien dire de plus. J'eſpere que Dieu me donnera le ſecours de ſa grace ; c'eſt pourquoi je ne veux pas m'inquiéter trop ſi je puis m'en empêcher ; car je me flatte de n'en avoir point de ſujet. Mais je vous rendrai compte des moindres choſes qui arriveront, afin que vous puiſſiez me continuer toujours vos bons avis ; priez pour

Votre triſte & inquiete PAMELA.
LETTRE.

LETTRE X.

Ma chere Mere ,

VOUS & mon cher Pere êtes fans doute furpris de n'avoir point eu de mes nouvelles depuis plufieurs femaines : mais une trifte fcene en a été la caufe. Car à préfent il n'eft que trop clair , que vos avertiffemens étoient bien fondés. Oh , ma chere Mere , je fuis malheureufe, véritablement malheureufe ! Ne vous effrayez pourtant pas je fuis vertueufe ! Dieu veuille par fa grace que je le fois toujours.

Oh ! cet Ange , ce galant - homme , ce doux bienfaiteur de votre pauvre Pamela , qui devoit prendre foin de moi à la priere que lui fit fa Mere, lorfqu'elle étoit fur fon lit de mort ; qui craignoit fi fort que je ne me laiffaffe féduire par le Neveu de Mylord Davers , qu'il ne voulut point me laiffer entrer au fervice de Mylédy ; ce gentilhomme (ouï , il faut encore que je l'appelle ainf , quoiqu'il ne mérite plus ce titre) ce gentilhomme s'eft avili jufqu'à fe donner des libertés avec fa pauvre fervante ! il s'eft fait voir maintenant dans fon caractere naturel , & rien ne me paroît plus noir & plus affreux.

Je n'ai pas été pareffeufe ; j'ai écrit de

I. Partie.   C

tems à autre, comment par degrés, & par de honteux artifices il a découvert ses criminels desseins : mais quelqu'un m'a volé ma lettre, & je ne sai ce qu'elle est devenue. Elle étoit assez longue : je soupçonne que c'est lui qui l'a prise : puisqu'il a eu l'ame assez basse pour commettre une indignité, il peut bien aussi en avoir commis une autre. Quoi qu'il en soit, tout l'usage qu'il peut faire de ma lettre, c'est qu'elle pourra lui faire honte du personnage qu'il a joué ; au lieu que je ne saurois rougir du mien : car il verra que je suis résolue de conserver ma vertu, & que je me glorifie de la probité de mes parens, quoiqu'ils soient pauvres.

Je vous dirai tout à la premiere occasion; car on m'observe étroitement. Il a dit à Mad. Jervis, Cette fille est toujours à barbouiller du papier; il me semble qu'elle pourroit mieux employer son tems. Cependant je travaille de mon aiguille à toute heure, je fais son linge, & tout le beau linge de la maison; & outre cela je suis occupée à lui broder une veste. Mais, oh ! mon cœur est prêt à se fendre ! Quelle récompense ai-je à attendre, si ce n'est la honte & l'infamie, ou des duretés, & un mauvais traitement. Je vous dirai tout dans peu ; j'espere que je retrouverai ma lettre.

Votre très-affligée Fille.

Il faut que je le traite d'*il* & de *lui* déformais, car il s'eſt entierement déshonoré dans mon eſprit.

LETTRE XI.

Ma chere Mere,

JE ne ſaurois trouver ma lettre ; c'eſt pourquoi je vous raconterai le tout auſſi brievement qu'il me ſera poſſible. Tout alla paſſablement bien depuis l'avant - derniere lettre que je vous écrivis. A la fin je crus avoir quelques raiſons de le ſoupçonner ; car lorſqu'il me voyoit il me jettoit des œillades, qui ne ſignifioient rien de bon : enfin il vint à moi, comme j'étois à travailler de mon aiguille, dans le cabinet du petit jardin ; Mad. Jervis ne faiſoit que de me quitter. Je voulois m'en aller : mais il me dit ; Non, Pamela, ne t'en vas point : j'ai quelque choſe à te dire ; & tu me fuis toujours lorſque je t'approche, comme ſi tu avois peur de moi.

J'étois tout-à-fait déconcertée, comme vous pouvez croire : à la fin je lui dis, Il ne convient pas à votre pauvre ſervante, de demeurer en votre préſence, Monſieur, à moins que vos affaires ne le demandent, & j'eſpere que je n'oublierai jamais le reſpect que je vous dois.

Eh bien, dit-il , mes affaires le demandent quelquefois , & je veux que tu demeu-
res , pour entendre ce que j'ai à te dire.

J'étois toute honteuse, & je commençai à
trembler , sur tout lorsqu'il me prit la main ;
car il n'y avoit pas une ame proche de nous.

Ma sœur Davers , dit il , (& il me semble qu'il avoit l'air aussi embarrassé que moi)
vouloit que tu demeurasses avec elle , mais
elle n'auroit pas fait pour toi ce que j'ai
dessein de faire , si tu continues d'être
fidele & obligeante. Que dis-tu, ma fille?
ajouta-t-il avec quelque ardeur , n'aimes-
tu pas mieux demeurer avec moi, que d'aller chez ma sœur Davers ? Il avoit un regard qui me pénétra de frayeur ; je ne sai
comment l'exprimer , c'étoit , je pense , un
regard égaré.

Dès que je pus parler, je lui dis, je vous
demande pardon , Monsieur ; mais comme
vous n'avez point de femme que je puisse
servir , & qu'il y a à cette heure un an que
ma bonne maîtresse est morte, j'aimerois
mieux aller servir Mylédy Davers , si vous
vouliez bien me le permettre , parce que....
.... J'allois continuer ; mais il m'interrompit
brusquement, en disant, parce que tu es une
petite sotte, & que tu ne sais pas ce qui te
convient. Je te dis, que je te ferai Demoiselle, si tu veux être obligeante, & si tu ne

t'oppofes pas toi-même à ton honheur. En
difant cela il m'embraffa & me baifa.

Vous direz maintenant, que toute fa méchanceté parut à découvert. Je me débattis
je tremblai, & j'étois fi tranfie de frayeur
que je me laiffai tomber : je n'étois pas tout-
à-fait évanouïe, mais je me connoiffois à
peine. Je me vis entre fes bras, fans aucune
force : il me baifa deux ou trois fois, avec
une terrible ardeur. A la fin je m'arrachai
d'entre fes bras, & j'allois m'enfuir du cabinet, mais il me retint, & ferma la porte.

J'aurois donné ma vie pour un liard. Il
dit, Je ne te ferai point de mal, Pamela,
n'aie pas peur de moi. Je ne veux point refter ici, répondis-je. Tu ne veux point refter, petite impertinente, reprit-il. Sais-tu à
qui tu parles ? Alors je perdis toute crainte
& tout refpect : Ouï, Monfieur, lui dis-je,
je le fai ; je puis bien oublier que je fuis
votre domeftique, lorfque vous oubliez ce
qui convient à un maître.

Je pleurois, & fanglotois terriblement.
Que tu es fotte ! dit-il ; t'ai-je fait aucun mal?
Ouï, Monfieur, lui dis-je, vous m'avez fait
le plus grand mal du monde. Car vous m'a-
vez appris à m'oublier moi-même, & ce qui
me convient ; & en vous abaiffant jufques à
prendre des libertés avec votre pauvre fervante, vous avez diminué la diftance que la

fortune avoit mife entre vous & moi. Ouï ,
Monfieur , j'ofe prendre la liberté de le dire ; quoique pauvre , je fuis vertueufe , &
quand vous feriez un Prince , vous ne me feriez pas renoncer à ma vertu.

Il fe mit en colere , & dit, Qui eft-ce qui
veut t'y faire renoncer, petite faloppe? cef-
fe de pleurer comme un enfant. Il eft vrai
que je me fuis abaiffé moi-même ; mais ce
n'étoit que pour t'éprouver. Si tu peux garder le fecret fur tout ceci , j'en aurai meilleure opinion de ta prudence. Voici quelque
chofe, dit-il, en me mettant quelques pieces
d'or dans la main , pour te dédommager de
la frayeur que je t'ai caufée. Va faire un
tour de jardin , & ne rentre pas que tu n'aies
fini de pleurer. Je te commande de ne pas dire un mot de ce qui s'eft paffé , & tout ira
bien , & je te pardonnerai.

Je ne veux point de votre argent , Monfieur , lui dis-je, en vérité , je n'en veux point,
toute pauvre que je fuis. Car pour parler fincerement , il me fembloit que ç'auroit été
prendre des arrhes ; je mis donc fon or fur le
banc ; & comme il paroiffoit chagrin &
confus de ce qu'il avoit fait , je pris cette
occafion pour ouvrir la porte & fortir du
cabinet.

Il m'appella , difant, Garde le fecret ,
Pamela , je te le commande ; & ne r'entre

pas encore, comme je te l'ai dit.

Oh ! que de pareilles actions font baffes & indignes : & qu'un gentilhomme doit paroître petit, quelque mérite qu'il ait d'ailleurs, lorfqu'il ofe faire des chofes, qui font fi fort au-deffous de lui, & qui mettent fes inférieurs en état de paroître plus grands que lui.

Je fis un tour ou deux dans le jardin ; mais fans m'éloigner de la maifon, crainte d'accident. Je foufflai dans ma main pour fécher mes yeux, parce que je ne voulois pas paroître trop défobéiffante. Dans ma premiere je vous en dirai davantage.

Priez pour moi, mon cher pere, & ma chere mere, & ne foyez pas en colere contre moi. Je n'ai pas encore pris la fuite hors de cette maifon, autrefois ma confolation & mes delices, mais maintenant ma terreur & mes angoiffes. Je fuis contrainte de finir à la hâte.

Votre très-obéiffante & vertueufe Fille.

LETTRE XII.

Ma chere Mere ,

JE vais coutinuer ma triste histoire. Après avoir séché mes yeux , je rentrai , & je commençai à considérer ce que j'aurois à faire. Tantôt je songeois à quitter la maison , & à aller au village voisin , pour y attendre l'occasion de me rendre chez vous : mais je ne savois si je devois prendre avec moi les hardes qu'il m'a données , ni comment les emporter. Tantôt je pensois à les laisser , & à n'emporter que ce que j'avois sur le corps. Mais il y avoit deux milles & demi jusqu'au village , & cela par un chemin détourné : & comme j'étois assez bien mise , je craignois de m'exposer à quelque malheur , presqu'aussi grand que celui que je voulois éviter : Et puis , pensai-je , on publiera peut-être , que j'ai volé quelque chose , & que cela m'avoit obligée à m'enfuir : & ç'auroit été une chose bien triste de m'en retourner chez mes chers Parens avec une mauvaise réputation ! Oh ! que je souhaitai d'être encore dans ma grisette , dans cet habillemenr pauvre & simple , dans lequel vous m'aviez mise (encore étoit-ce avec bien de la peine) afin que je pusse entrer en condition , lorsque je n'avois pas encore douze ans, du tems de ma bonne maîtreſſe ! Tantôt je ſongeois à dire tout à Mad. Jervis, & à lui demander conſeil ; ce qui me retenoit, c'étoit l'ordre qu'il m'avoit donné de garder le ſecret. Car, penſai-je en moi-même, peut-être qu'il a honte de ce qu'il a fait, & qu'il n'entreprendra plus rien de ſemblable dans la ſuite. Et comme la pauvre Mad. Jervis a beſoin de ſon ſecours pour vivre, à cauſe des malheurs qui lui ſont arrivés, je crus qu'il y auroit de la dureté à expoſer cette Dame à ſon reſſentiment pour l'amour de moi.

Dans cette incertitude, tantôt réfléchiſſant, tantôt pleurant, & ne ſachant à quoi me déterminer, je reſtai dans ma chambre juſques au ſoir ; & ayant prié qu'on m'excuſât ſi je ne deſcendois pas pour ſouper, Mad. Jervis monta, & me dit, pourquoi faut-il que je ſoupe ſans vous, Pamela ? Allons, je vois bien qu'il y a quelque choſe qui vous chagrine, dites-moi ce que c'eſt.

Je la priai de me permettre de coucher la nuit avec elle, parce que j'avois peur des eſprits, & que j'étois perſuadée qu'ils ne feroient aucun mal à une perſonne auſſi vertueuſe qu'elle. Cette excuſe n'eſt gueres bonne, dit-elle, car pourquoi n'avez-vous pas eu peur des eſprits juſqu'à préſent ? (J'avoue que je n'avois pas penſé à cela.) Mais, ajouta-t-elle , je confens de tout mon cœur que vous couchiez avec moi, quelle que foit votre raifon ; mais defcendez pour fouper. Je la priai de m'excufer , car , lui dis-je, j'ai tant pleuré , que tous les autres domef-tiques s'en apercevront. Mais je ne vous cacherai rien , Mad. Jervis , dès que nous ferons couchées.

Elle eut la bonté de me laiffer agir à ma fantaifie ; elle defcendit pour fouper : mais elle fe hâta de venir fe coucher , & dit aux domeftiques , que je coucherois avec elle , parce qu'elle ne repofoit pas fort bien , & qu'elle m'engageroit à lire près d'elle pour l'endormir ; Car , ajouta-t-elle , je fai que Pamela aime la lecture.

Dès que nous fûmes feules , je lui racon-tai tout ce qui s'étoit paffé. Car je penfai que quoiqu'il m'eût défendu de rien dire , ce-pendant il n'y auroit pas de mal, quand même il viendroit à favoir que je l'aurois dit à Mad. Jervis. Je m'imaginai que de garder un fe-cret de cette nature , ç'auroit été témoigner que je voulois me priver des bons avis qu'on pouvoit me donner , & dont je n'avois ja-mais eu un fi grand befoin. Je craignois que mon filence ne lui fît croire que je ne ref-fentois pas comme je devois l'injure qu'il m'avoit faite & que je pourrois garder des fecrets plus dangereux encore , ce qui auroit

pu l'encourager à entreprendre quelque chose de plus criminel. Avois-je raison , ma
chere mere ?

Mad. Jervis ne put pas s'empêcher de mê-
ler ses larmes avec les miennes : car je pleurois sans relâche en lui contant mon histoire , & je la priois de me conseiller ce que
je devois faire. Je lui montrai les deux lettres
de mon cher pere ; elle loua la probité qui y
paroissoit, & la maniere dont elles étoient
écrites, & dit des choses fort obligeantes de
vous deux. Mais elle me pria de ne pas songer à quitter ma condition. Car, dit-elle ,
vous vous êtes conduite d'une maniere si
vertueuse , que suivant toutes les apparences il aura honte de ce qu'il a fait , & n'entreprendra jamais plus rien de semblable.
Quoique, ajouta-t-elle , je craigne plus votre beauté, ma chere Pamela , que toute
autre chose : car l'homme le plus vertueux du
monde peut devenir amoureux de vous ;
c'est ce qu'elle eut la bonté de me dire. Elle
ajouta qu'elle souhaiteroit d'avoir assez de
bien pour vivre indépendante , parce qu'elle
me prendroit chez elle pour y demeurer
comme si j'étois sa propre fille.

Comme vous m'aviez ordonné de lui demander conseil, je suis résolue d'attendre ,
pour voir comment les choses iront ; à moins
qu'il ne me mette dehors ; quoique dans vo-

tre premiere lettre vous m'ayiez commandé de fortir de chez lui, dès le moment que j'aurois quelque raifon de craindre. Ainfi, mon cher Pere & ma chere Mere, je me flatte que ce n'eft pas par un principe de défobéiffance que je demeure ici : car je ne pourrois plus m'attendre à vos bénédictions, ni aux bons effets de vos prieres, fi j'étois défobéiffante.

Tout le lendemain je fus fort trifte, & je me mis à écrire, ma longue lettre. Il me vit écrire, & dit à Mad. Jervis (comme je l'ai déja rapporté,) Cette fille eft toujours à barbouiller du papier, il me femble qu'el-le pourroit être mieux employée ; ou quelque chofe de femblable. Quand j'eus fini ma lettre, je la mis fous la toilette, dans la chambre de ma maîtreffe, ou perfonne n'entre, outre mon maître, que Mad. Jervis & moi. Mais lorfque je revins pour la cacheter, je fus fort furprife de ne la point trouver : perfonne ne favoit que mon maître eût approché de la chambre durant tout ce tems-là : de forte que j'ai été extremement inquiete à ce fujet. Mais Mad. Jervis croit, auffi bien que moi, qu'il l'a trouvée d'une maniere ou d'autre. Il paroît chagrin & fâché, & femble me fuir, autant qu'il difoit que je le fuyois moi-même. Il vaut mieux que cela foit ainfi, que fi c'étoit pis.

Il a commandé à Mad. Jervis de me dire
de ne pas employer tant de tems à écrire.
C'eſt quelque choſe de bien bas à un gentilhomme comme lui , de s'amuſer à une ba-
gatelle comme celle-là , puiſque d'ailleurs
je ne ſuis pas pareſſeuſe : ſans doute qu'il eſt
fâché de ce que j'ai écrit ; & cela ne ſignifie
rien de bon.

Mais je ſuis beaucoup plus tranquille , depuis que je couche avec Mad. Jervis ; quoiqu'après tout , d'un côté la crainte perpé-
tuelle où je vis , & de l'autre ſa mauvaiſe
humeur , & le mécontentement qu'il témoigne de tout ce que je fais , ne me rendent
que trop miſérable.

Oh ! que n'ai-je jamais quitté mes haillons
& ma pauvreté ! Je ne ſerois pas expoſée
comme je le ſuis à des tentations d'un côté ,
& à donner du mécontentement de l'autre.
Que j'étois heureuſe il y a quelque tems !
& que je ſuis malheureuſe à préſent. Ayez
pitié de moi , & priez pour

Votre affligée PAMELA.

LETTRE XIII.

Ma très-chere enfant,

LA détreſſe où tu es, & les tentations auxquelles tu es expoſée nous font ſaigner le cœur. Nous prions Dieu continuellement pour toi, & nous voulons que tu te retires de cette grande maiſon, & que tu fuies ce méchant homme, ſi tu trouves qu'il renouvelle ſes attentats. Tu aurois dû le faire d'abord, ſi tu n'avois pas eu Mad. Jervis pour te conſeiller. Nous ne trouvons rien à redire dans ta conduite juſques à préſent. Mais nous ſommes dans une inquiétude mortelle, en conſidérant ce qui peut arriver. Oh ! mon enfant les tentations font quelque choſe de terrible. Cependant ſans elles nous ne ſaurions nous connoître nous-mêmes, & nous ignorerions de quoi nous ſommes capables.

Tes tentations ſont très-grandes : car tu as à réſiſter aux richeſſes, à la jeuneſſe, & à un bel homme, comme il l'eſt dans l'eſprit du public. Mais quel honneur n'acquerreras-tu pas ſi tu réſiſtes à toutes ces tentations ! Et lorſque nous réfléchiſſons ſur ta conduite paſſée, & ſur la bonne éducation que tu as reçue ; lorſque nous conſidérons que tu as été élevée de maniere à avoir plus de honte du vice que de la pauvreté, nous nous perfuadons que Dieu te donnera la force de furmonter tout. Cependant comme nous fommes convaincus que la vie te doit être à charge, à caufe des appréhenfions continuelles qui te tourmentent ; & qu'il y auroit peut-être de la préfomption à te fier trop à tes propres forces ; comme tu es encore fort jeune, & que le Démon pourroit lui infpirer quelque ftratagême pour te féduire (& les Grands n'en manquent jamais ;) je crois qu'il vaut mieux que tu viennes chez nous, partager notre mifere en fûreté, que de vivre avec tant d'inquiétudes dans une abondance, qui peut elle-même être dangereufe. Dieu veuille t'infpirer le meilleur parti ! Et auffi long-tems que tu auras Mad. Jervis pour confeillere, & pour ta compagne pendant la nuit (&, ô ma chere fille, que c'étoit prudemment fait à toi, que de vouloir coucher avec elle !) nous ferons plus tranquilles, que nous ne le ferions fans cela. Ainfi en te recommandant à la protection de Dieu, nous fommes avec fouci

Tes très - affectionnés Pere & Mere.

LETTRE XIV.

Mes très-chers Pere & Mere,

NOus avons vécu fort agréablement Mad. Jervis & moi pendant ces derniers quinze jours ; car mon maître a été durant tout ce tems-là à la Terre qu'il a dans le Comté de Lincoln , ou chez Mylédy Davers sa sœur. Mais il est revenu hier. Dès qu'il a été arrivé il a eu quelque conversation avec Mad. Jervis , & principalement sur mon sujet. Il lui a dit ! Eh bien , Mad. Jervis , je sai que vous voulez du bien à Pamela , mais pensez-vous qu'elle soit de quelque utilité dans la maison ? Elle m'a dit, que cette question l'avoit surprise , mais qu'elle avoit répondu, que j'étois la créature la plus vertueuse, & la plus diligente qu'elle connût. Pourquoi, je vous prie ce mot de vertueuse ? a - t - il dit ; y a-t-il eu quelque raison de soupçonner qu'elle ne l'étoit pas ? Ou quelqu'un s'est-il mis en tête de l'éprouver ? Je m'étonne , Monsieur a-t-elle repliqué, que vous me fassiez une pareille question ! Qui est - ce qui oseroit rien entreprendre contre elle dans une maison aussi bien réglée , & aussi bien gouvernée que l'est la vôtre, & sous un maître qui a une

ñ belle réputation d'honneur & de vertu ?
Je vous remercie, Mad. Jervis, dit-il, de
la bonne opinion que vous avez de moi :
mais dites-moi, fuppofé que quelqu'un en-
treprît quelque chofe contre Pamela, penfez-vous qu'elle voulût vous en faire con-
fidence ? Monfieur, répondit-elle, c'eft une
jeune créature innocente, & elle a tant de
confiance en moi, que je crois qu'elle me
demanderoit confeil auffi-tôt qu'à fa mere.
Innocente encore, s'eft-il écrié, & *vertueu-*
fe fans doute. Je vois, Mad. Jervis, que
vous n'êtes pas chiche d'épithetes : pour moi,
je la regarde comme une petite artificieufe ; & fi j'avois un fommelier, ou un maître d'hôtel qui fût jeune, elle auroit bientôt tendu fes filets pour attrapper l'un ou
l'autre, fi elle croyoit qu'il valût la peine
d'en faire un mari. Ah ! Monfieur, dit-elle,
Pamela eft bien jeune, & ne penfe pas encore à un mari, j'ofe en répondre pour elle ; & votre maître d'hôtel & votre fommelier font des gens âgés, qui ne fongent à
rien de femblable. Non, dit-il, & quand
même ils feroient plus jeunes, ils auroient
trop d'efprit pour penfer à une fille comme
elle. Je vous dirai ma penfée fur fon fujet,
Mad. Jervis ; je ne crois pas que cette fille,
qui eft fi avant dans vos bonnes graces, foit
auffi peu artificieufe que vous vous l'imagi-

nez. Il ne me convient pas de difputer avec vous, Monfieur, a repliqué Mad. Jervis, mais j'ofe dire, que fi les hommes veulent la laiffer en repos, elle ne s'embarraffera guere d'eux. Quoi, Mad. Jervis, a-t-il dit là deffus, y a-t-il donc des hommes qui ne veulent pas la laiffer en repos, que vous fachiez? Non, en vérité, Monfieur, a-t-elle répondu; elle eft trop réfervée pour cela; cependant elle fe conduit avec tant de prudence, que tous les hommes l'eftiment, & lui témoignent autant de refpect, que fi elle étoit née Demoifelle.

Ah! dit-il, c'eft l'artifice dont je parlois. Souffrez que je vous dife, que cette fille a de la vanité, de la fuffifance, & même de l'orgueil, ou je fuis bien trompé : peut-être même en pourrois-je donner un exemple. Monfieur, a-t-elle dit, vous voyez plus loin, qu'une pauvre & fimple femme comme moi : Je n'ai jamais aperçu que de l'innocence en elle. Et *de la vertu* auffi, je vous en réponds, a-t-il dit. Mais fuppofé que je puffe vous rapporter une circonftance où elle a parlé un peu trop librement des bontés que quelqu'un a eues pour elle, & où elle a eu la vanité d'attribuer à des deffeins criminels quelques douceurs qu'on ne lui difoit que par un effet de la compaffion qu'on avoit pour fa jeuneffe, & pour fa mauvaife

fortune, & où elle a même ofé dire du mal
de ceux dont elle ne devroit jamais pro-
noncer le nom qu'avec refpect & avec reconnoiffance ; que diriez-vous de cela ? Ce
que je dirois, Monfieur, a-t-elle répondu,
je ne fais ce que je dirois ; mais j'ofe croire que Pamela eft incapable d'une pareille
ingratitude.

Eh bien, a-t-il dit, ne parlons plus de
cette petite fotte. Confeillez-lui feulement
en amie, de ne pas fe donner trop de liber-
te par rapport aux bontés qu'on a pour elle ; & que, fi elle refte ici, elle n'écrive
pas tout ce qui fe paffe dans ma maifon ,
feulement pour exercer fon efprit & fa plume. C'eft une fine matoife, je vous en réponds, & vous en ferez convaincue avec le
tems.

Vit-on jamais rien de pareil, mon cher
pere, & ma chere mere ? Il eft clair qu'il
ne s'attendoit pas à trouver tant de réfiftance de ma part, & qu'il fe doute que j'ai
tout dit à Mad. Jervis : il eft clair auffi ,
qu'il faut qu'il ait la lettre que je vous avois
deftinée ; & c'eft ce qui le chagrine cruellement : mais je ne faurois qu'y faire. Il
vaut mieux que je fois artificieufe & fubti-
le, dans le fens qu'il donne à ces termes,
que fi j'étois ce qu'il fouhaite ; & quelque
peu de cas qu'il faffe des termes de vertu

& d'innocence, lorfqu'ils me font appliqués ;
il auroit été moins en colere, fi j'avois
moins mérité ces éloges ; car alors mon
crime auroit été ma vertu par rapport à lui,
méchant qu'il eft !

Je vous écrirai encore dans peu ; mais il
faut que je finiffe à préfent, en difant que
je fuis & ferai toujours,

Votre vertueufe fille.

LETTRE XV.

Ma chere Mere,

JE finis ma derniere un peu brufque-
ment, car je craignois qu'il ne vînt ; ce
qui ne manqua pas d'arriver. Je cachai ma
lettre dans mon fein, & pris mon ouvrage
qui étoit proche de moi. J'avois fi peu de
cet artifice qu'il m'impute, que j'étois auffi
déconcertée, que fi je venois de commettre
quelque grand crime.

Ne vous levez pas, Pamela, dit-il, &
que je ne vous empêche pas de continuer
votre ouvrage. Vous ne me dites pas que
je fuis le bien revenu après mon voyage dans
le Comté de Lincoln. Il feroit bien fâcheux, Monfieur, lui dis-je, que vous ne
fuffiez pas toujours le bien venu dans votre
propre maifon.

Je voulois me retirer , mais il me dit , Ne vous enfuyez pas , vous dis je ; j'ai deux ou trois mots à vous dire. Ah ! que le cœur me battoit ! Lorsque je vous témoignai quelque bonté dans le cabinet du jardin , dit-il , & que vous y répondîtes si sottement ; comme si j'avois eu dessein de vous faire quelque grand mal , ne vous défendis-je pas de dire à qui que ce fût ce qui s'étoit passé ? Et cependant vous en parlez par tout , sans aucun égard pour ma réputation , ni pour la vôtre. Moi, Monsieur , lui dis-je , en avoir parlé par tout ! je n'ai presque personne à qui parler.

Il m'interrompit en disant, *presque* , petite impertinente ! vous savez donc user d'équivoques. Qu'entendez-vous par ce *presque* ? Je vous demande si vous ne l'avez pas dit à Mad. Jervis, premierement ? Je vous prie , Monsieur, lui dis-je dans un grand trouble , permettez-moi de descendre ; car il ne m'appartient pas de disputer avec vous. Nouveau subterfuge, dit-il ; que parlez-vous de disputer ? Est-ce disputer avec moi, que de répondre à une question très-simple que je vous fais ? Répondez à ce que je vous demande. O mon cher Monsieur, dis-je , je vous demande en grace de ne me pas presser davantage : je pourrois encore m'oublier moi-même , & être insolente.

Répondez-moi donc , dit-il , n'avez-vous pas rapporté tout à Mad. Jervis ? Vous ferez insolente , si vous ne répondez pas sur le champ à ma question. Monsieur , lui dis-je en voulant retirer ma main qu'il tenoit toujours , je pourrois peut-être vous répondre par une autre question , & cela ne me conviendroit pas. Que voulez-vous dire ? reprit-il ; parlez.

Eh bien , Monsieur , lui dis-je , pourquoi feriez-vous si en colere , de ce que j'aurois dit à Mad. Jervis , ou à quelque autre ce qui s'est passé , si vous n'aviez aucun mauvais dessein ?

Fort bien , ma petite innocente sans artifice , comme Mad. Jervis vous appelle , s'écria - t - il. Est-ce donc ainsi que vous me raillez , & que vous osez me faire des questions ? insolente que vous êtes ! Mais je veux que vous me répondiez directement. Monsieur , dis-je , je ne voudrois pas mentir pour tous les biens du monde. Je l'ai dit à Mad. Jervis ; car mon cœur étoit prêt à se fendre , mais excepté elle , je n'en ai ouvert la bouche à personne. Fort bien , impudente , dit-il ; voilà une nouvelle équivoque. Vous n'en avez ouvert la bouche à personne. Mais n'en avez-vous pas écrit à quelqu'autre ? Quoi ! Monsieur , dis-je alors (car j'étois tout-à-fait courageuse dans ce moment ,) pourriez-vous me faire cette queſtion, ſi vous n'aviez pas pris la lettre que j'écrivois à mon pere & à ma mere, & dans laquelle, j'avoue que je leur diſois tout librement, je leur découvrois ma douleur, & leur demandois conſeil?

Et faut-il donc, dit-il, que je ſois ainſi flétri dans ma maiſon, & hors ma maiſon, devant tout le monde, par une effrontée comme vous? Non, de grace, Monſieur, lui dis-je, ne vous fâchez pas contre moi; ce n'eſt pas moi qui vous flétris, je ne fais que dire la vérité. Ah! vous oſez me railler encore, arrogante que vous êtes; je ne ſouffrirai pas qu'on me parle ainſi.

Mais, Monſieur, dis-je, à qui une pauvre fille peut-elle demander conſeil, ſi ce n'eſt à ſon pere & à ſa mere, & à une honnête Dame comme Mad. Jervis, qui pour l'amour de ſon ſexe doit donner conſeil, lorſqu'on le lui demande? Inſolente, dit-il en frappant du pied, faut-il que je ſois ainſi queſtionné par une fille comme vous? Je me jettai à genoux, & dis, Pour l'amour de Dieu, Monſieur, ayez pitié d'une pauvre créature, qui ne connoît point juſqu'où s'étend le reſpect qu'elle vous doit, & qui ne fait que chérir ſa réputation & ſa vertu. C'eſt tout ce ſur quoi je puis compter; & quoique pauvre & ſans amis ici, j'ai toujours appris à aimer la vertu plus que ma vie. Vous faites bien du bruit de votre vertu, fotte que vous êtes, dit-il: penfez-vous que la vertu n'exige pas que vous foiez obéiffante, & que vous ayiez de la reconnoiffance pour votre maître? En vérité, Monfieur, dis-je, il eft impoffible que je fois défobéiffante, ou ingrate envers vous, fi ce n'eft lorfque vos commandemens font contraires à ce premier devoir, qui fera toujours la regle de ma conduite.

Il parut touché; il fe leva, & fit quelques tours dans la chambre voifine, me laiffant à genoux. Je me couvris le vifage de mon tablier; & je repofai ma tête fur une chaife, n'ayant pas le pouvoir de me foutenir, & pleurant à chaudes larmes.

A la fin il rentra, mais helas! le crime dans le cœur. Et me prenant par la main, leve-toi, Pamela, dit-il, tu es ta propre ennemie; ta folie mal entendue caufera ta ruine. Je te le dis; je fuis fort irrité des libertés que tu t'es données en parlant de moi à ma ménagere, & à ton Pere & ta Mere; & il vaut autant que tu aies une caufe réelle de prendre ces libertés, que de flétrir ma réputation pour des caufes imaginaires. En difant cela, il me prit de force fur fes genoux. Oh, que j'étois alarmée: je m'écriai, comme j'avois lu il y avoit quelques jours dans un livre, *Anges, & Saints, & toute l'Armée*

*l'Armée des Cieux, défendez-moi. Que je ne
survive pas d'un seul instant à ce moment fatal auquel je perdrai mon innocence !* Jolie
petite folle, dit-il, comment peux-tu perdre
ton innocence si tu es obligée de céder à une
force à laquelle tu ne saurois résister ? Sois
tranquille, ajouta-t-il; car quoiqu'il arrive
tu en auras le mérite, & moi le blâme ; ce
sera un beau sujet de lettres à écrire à ton
Pere & à ta Mere, & par dessus le marché un joli conte à faire à Mad. Jervis.

Il me baisa de force au cou & à la bouche;
& dit, Qui a jamais blâmé Lucrece? on n'a
condamné que celui qui la viola. Je veux
bien prendre tout le blâme sur moi, car je
n'en ai déja eu que trop pour ce que j'ai mérité. Puissé-je, m'écriai-je, me justifier par
ma mort comme fit Lucrece, si je suis traitée
aussi cruellement qu'elle le fut. Ho, ho! ma
bonne fille, dit-il, je vois que tu as bien lû ;
je t'assure qu'avant que nous ayions fait, nous
fournirons à nous deux un joli sujet de
Roman.

Alors il mit la main dans mon sein ; l'indignation que cette effronterie me causa, redoubla mes forces; je me donnai un mouvement violent, par lequel je m'arrachai d'entre ses bras ; je courus hors de la chambre,
& la chambre voisine étant ouverte, je fis
tant que j'y entrai ; je poussai la porte après

moi, & la clef étant dedans, la porte se ferma à clef : il me poursuivoit de si près, qu'il saisit ma robe, & en déchira une piece, qui demeura suspendue au dehors de la porte.

Tout ce dont je me souviens, c'est comment j'entrai dans la chambre ; j'ai appris le reste dans la suite, car la frayeur & la crainte que j'avois eues, me firent tomber en foiblesse. Je m'imagine qu'en regardant par le trou de la serrure, il m'aperçut étendue tout de mon long par terre. Il appella Mad. Jervis, qui avec son secours força la porte. Dès qu'il me vit un peu revenir il se retira, ordonnant à Mad. Jervis, que, si elle étoit sage, elle eût à ne rien dire de toute cette affaire.

La pauvre Mad. Jervis crut qu'il y avoit plus de mal qu'il n'y en avoit en effet : elle pleura sur moi, comme si elle eût été ma mere. Je fus deux heures avant que d'être bien remise ; & justement comme je commençois à pouvoir me tenir un peu debout, il rentra. La frayeur me fit encore retomber en foiblesse, sur quoi il s'en alla ; mais il se tint dans la chambre voisine, pour empêcher que personne n'approchât de nous, de peur qu'on ne vînt à découvrir son honteux procédé.

Mad. Jervis me donna sa bouteille de sel armoniac à sentir ; elle coupa mon lacet, &

me mit dans un fauteuil: mon maître l'appella & lui demanda, Comment fe porte certe fille ? Je n'ai jamais vu une pareille fotte de ma vie. Je ne lui ai rien fait du tout. Mad. Jervis pleuroit fi fort, qu'elle ne pouvoit parler ; il lui dit donc : Il paroît qu'elle vous a rapporté, que je lui fis quelques carefles dans le cabinet du jardin, quoique je n'aie rien fait de criminel alors, non plus qu'à préfent je vous affure. Je vous prie de garder le fecret fur tout ceci, & que je n'y fois point nommé.

Oh, Monfieur, dit-elle, pour l'amour de vous-même, & pour l'amour de Jefus-Chrift. Mais il ne voulut rien écouter, & dit, Pour l'amour de vous-même, Mad. Jervis, n'en dites mot. Je ne lui ai fait aucun mal ; mais je ne veux pas qu'elle demeure plus long-tems dans ma maifon, la babillarde & mal avifée qu'elle eft. Mais puifqu'elle eft fi fujette à tomber en foibleffe, ou du moins à le feindre, préparez-la à me voir demain après dîner, dans le cabinet de ma Mere ; foyez avec elle, & vous ferez témoin de ce qui fe paffera entre nous.

Ainfi il fe retira plein de dépit : il ordonna qu'on mît les chevaux au carroffe, & alla faire quelques vifites.

Mad. Jervis me vint trouver ; je lui racontai tout ce qui s'étoit paffé, & je lui dis, que j'étois résolue de ne pas demeurer plus long-tems chez lui. Et comme elle me dit qu'il paroiſſoit me menacer de me renvoyer ; J'en ſuis charmée , répondis-je , alors je ſerai tranquille. Elle répéta tout ce qu'il lui avoit dit , comme je l'ai rapporté plus haut.

Mad. Jervis eſt bien fâchée que je m'en aille : & cependant la pauvre femme commence à craindre pour elle-même : mais elle ne voudroit pas pour tout l'or du monde, que je fuſſe perdue : Certainement, dit-elle , il n'a point de bons deſſeins. Mais peut-être auſſi que maintenant qu'il me voit ſi réſolue il renoncera à tout attentat ; & je ſaurai mieux ce que j'aurai à faire après le jour de demain , que je dois paroître devant un Juge , qui, je le crains , ne ſera pas des plus équitables.

Oh ! que j'appréhende cette comparution de demain ! Soyez aſſurés , mes chers Parens, de la vertu de votre pauvre enfant , comme je ſuis aſſurée de vos prieres en faveur de

Votre très-obéiſſante Fille.

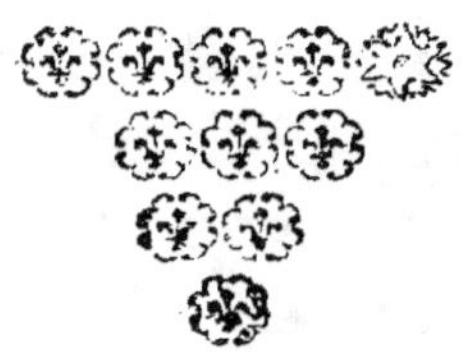

LETTRE XVI.

Mes chers Parens ,

JE fai que vous languiſſez d'avoir de mes nouvelles : je vous en donne auſſi - tôt qu'il m'a été poſſible.

Vous pouvez vous imaginer dans quelles inquiétudes je paſſai le tems , juſques à ce que l'heure marquée arrivât. A meſure qu'elle approchoit, mes terreurs augmentoient à chaque inſtant. Tantôt j'avois beaucoup de courage, & tantôt point du tout ; & je crus que je tomberois en foibleſſe lorſque le tems vint que mon maître avoit dîné. Pour moi, je ne pus ni manger ni boire , & mes yeux étoient toujours enflés à force de pleurer.

Enfin il entra dans le cabinet , qui étoit celui où ma maîtreſſe avoit coutume de s'habiller : cabinet que je haïſſois maintenant autant que je l'avois aimé autrefois.

Le cœur ne vous palpite-t-il pas à cauſe de moi ? Je vous aſſure que le mien treſſailloit au-dedans de moi, comme un oiſeau nouvellement pris fait dans une cage. O Pamela , me diſois-je à moi-même , que tu es ſotte & craintive. Tu n'as fait aucun mal : quoi ! ſi étant innocente , tu crains de paroître devant un Juge inique , que ſeroit-ce , ſi étant cou-

E iij

pable tu avois à paroître devant un juste Juge ? Prends courage, Pamela ; tu connois le pis qui peut t'arriver, & quel plaisir il y a à préférer la pauvreté accompagnée de la vertu, à l'abondance accompagnée du vice.

C'est ainsi que je m'encourageois moi-même : cependant le cœur me manquoit ; mon esprit étoit entierement abattu. La moindre chose que j'entendois remuer me sembloit une voix qui m'appelloit à rendre compte. J'en redoutois le moment, & je souhaitois cependant qu'il arrivât.

A la fin mon maître sonna la cloche. Oh! je crus que c'étoit ma cloche mortuaire. Mad. Jervis fut voir ce qu'il demandoit : helas ! la pauvre Dame avoit le cœur bien gros. Il lui dit, où est Pamela ? Qu'elle monte, & venez avec elle. Elle vint me prendre : mes pieds étoient assez disposés à aller ; mais mon cœur étoit avec mon cher Pere & ma chere Mere, desirant de partager leur pauvreté & leur bonheur. Je montai pourtant.

Oh ! comment est-il possible que des méchans puissent témoigner tant de fermeté, & être si peu touchés, ayant des cœurs si noirs & si criminels, pendant que de pauvres innocens paroissent comme des malfaiteurs devant eux !

Il avoit l'air si sévere, que le cœur me manqua, & je me souhaitai par tout ailleurs,

plutôt que là, quoique j'euffe auparavant raf-
femblé tout mon courage. Jufte ciel, dis-je
en moi-même, donne-moi la force de com-
paroître devant ce méchant maître. Oh !
adoucis-le, ou endurcis-moi.

Entrez, fotte, dit-il d'un air fâché, dès
qu'il me vit, & en me prenant rudement la
main : c'eft avec raifon que vous avez honte
de me voir, après tout le bruit que vous avez
fait, & toutes les fottifes que vous avez dites de moi, en me flétriffant comme vous
avez fait. Moi, avoir honte de vous voir,
penfai-je en moi-même : cela eft fort joli, en
vérité ; mais je ne dis rien.

Mad. Jervis, dit-il, vous voilà toutes deux
enfemble ; affeyez-vous, & qu'elle fe tien-
ne debout, fi elle veut : Ouï, fi je puis, dis-
je en moi-même, car mes genoux fe heur-
toient l'un contre l'autre. Lorfque vous vî-
tes cette fille dans l'état où vous la trouvâ-
tes, ne penfiez-vous pas que je lui en avois
donné le plus grand fujet qu'on puiffe donner à une femme ? que je l'avois entierement
ruinée, comme elle l'appelle ? Dites-moi,
pouviez-vous avoir une autre penfée ? En vérité, répondit-elle, je le craignis d'abord.
Vous a-t-elle dit ce que je lui ai fait? & tout ce
que je lui ai fait devoit-il caufer tout ce bruit
& tout ce fol embarras, par lequel j'aurois
pu perdre ma réputation dans votre efprit, &

E iv

dans celui de tous mes domeftiques ? apprenez-moi tout ce qu'elle vous a dit.

Son air févere l'avoit un peu trop effrayée, comme elle me l'a avoué depuis, de forte qu'elle lui répondit, Elle m'a dit que vous l'aviez feulement prife fur vos genoux, & que vous l'aviez baifée.

Là deffus je pris un peu de courage : *Seulement*, Mad. Jervis ! dis-je, & n'en étoit-ce pas là affez pour me faire connoître ce que j'avois à craindre. Lorfqu'un maître de la diftinction du mien s'abaiffe jufqu'à prendre de pareilles libertés avec une pauvre fervante comme moi, que doit-on attendre enfuite ? Mais vous avez été plus loin, Monfieur ; oui, vous avez été plus loin : vous m'avez menacée de ce que vous vouliez faire ; vous avez parlé de Lucrece, & de fon malheureux fort. Vous favez que vous en avez fait plus qu'il ne convient à un maître envers fa fervante, & même envers fon égale : & je ne faurois le fouffrir. Et puis je me mis à pleurer amerement.

Mad. Jervis commença à m'excufer, & le pria d'avoir pitié d'une pauvre fille, qui avoit tant d'amour pour fa réputation. Il répondit : Je la trouve fort jolie, je le dis en fa préfence ; je la croyois humble, & je m'imaginois, qu'elle n'abuferoit pas de mes faveurs, ni de l'amitié que je lui témoignois. Mais j'abhorre

le deſſein de l'obliger par force à quoi que
ce ſoit. Je me connois mieux que cela, ajouta-t-il; je ſai ce qu'il me convient de faire.
Il eſt ſûr que je me ſuis aſſez abaiſſé en
faiſant attention à une fille comme elle ;
mais je crois qu'elle m'avoit enſorcelé, ce
qui m'a fait prendre plus de liberté avec elle,
qu'il n'étoit à propos : mais je n'avois pas la
moindre intention de pouſſer le badinage plus
loin.

Que de pauvretés, ma chere Mere, de la
part d'un homme de bon ſens. Vous voyez
comment les plus grands eſprits ſont embar-
raſſés lorſqu'ils ont à ſoutenir une mauvaiſe
cauſe, & à juſtifier des actions criminelles.
Ouï je trouve que l'innocence, même dans
un eſprit foible, a de grands avantages ſur
le crime accompagné de tous les biens & de
toute la ſageſſe de ce ſiecle.

Je lui dis donc, Vous pouvez, Monſieur:
appeller cela un badinage, un jeu, ou tout ce
qu'il vous plaira : mais c'eſt un badinage qui
ne convient pas du tout à un maître envers
ſa ſervante, vu la diſtance extrême qu'il y a
entre eux. Entendez-vous, Mad. Jervis, dit-
il, entendez – vous l'impertinence de cette
créature : elle m'avoit déja tenu de ſemblables diſcours auparavant dans le cabinet, &
hier encore, ce qui fut cauſe que je la traitai
un peu plus durement que je n'aurois fait ſans
cela.

Pamela, me dit Mad. Jervis, ne soyez pas impertinente envers Monsieur. Connoissez le respect que vous lui devez : vous voyez qu'il ne vouloit que badiner. O ma chere Mad. Jervis, dis-je, ne vous joignez pas à lui pour me blâmer. Il est bien difficile de conserver du respect pour les hommes les plus qualifiés, lorsqu'ils s'oublient eux-mêmes par rapport à leurs moindres domestiques.

Voyez encore, dit-il, auriez vous pu croire cela de cette jeune effrontée, si vous ne l'aviez pas entendu ? Mon cher Monsieur, dit la bien intentionnée Dame, ayez pitié de cette pauvre enfant, & lui pardonnez : ce n'est qu'un enfant encore, & sa vertu lui est extremement chere. J'ose répondre sur ma tête, qu'elle ne sera plus impertinente envers vous, si vous voulez avoir la bonté de ne la plus tourmenter, & de ne lui plus causer de frayeur. Vous avez pu comprendre par la foiblesse où elle tomba, de quelles alarmes elle étoit pénétrée ? ce n'étoit point sa faute; & quoique vous n'eussiez aucun dessein de lui faire du mal, la seule appréhension qu'elle en eut faillit à lui être mortelle, & j'eus beaucoup de peine à la faire revenir. O la petite hypocrite ! dit-il, elle connoît tous les artifices de son sexe, ils sont nés avec elle ; & comme je vous le disois il n'y a pas long-tems, vous ne la connoissez pas encore.

Mais, ajouta-t-il, ce n'est pas là la principale raison, qui m'a engagé à vous appeller l'une & l'autre devant moi. Je vois que j'ai lieu de craindre que ma réputation ne souffre de la perversité, & de la sottise de cette fille. Elle vous a dit tout, & peut-être plus que la vérité : je n'ai même aucun lieu d'en douter : elle a écrit des lettres (car je comprends qu'elle se mêle beaucoup d'en écrire) à son Pere & à sa Mere, & peut-être à d'autres, où elle se représente elle-même comme un Ange de lumiere, & où elle me dépeint, moi qui lui ai témoigné tant de bonté, & qui suis son bienfaicteur, comme un Démon incarné. (Oh ! dis-je en moi-même, que les hommes se donnent quelquefois sans y penser les noms qu'ils méritent.) Je ne veux point souffrir tout cela, ajouta-t-il, & je suis résolu de la renvoyer à la détresse & à la pauvreté, d'où elle a été tirée ; & qu'elle prenne garde, lorsqu'elle sera partie, à ne pas se donner des airs en parlant de moi.

Cette bonne nouvelle me rendit tout d'un coup la vie. Je me jettai à ses pieds avec un cœur pénétré de la joie la plus sincere & la plus vive. Soyez beni à jamais, Monsieur, lui dis-je, pour cette résolution que vous venez de prendre ! Maintenant je serai heureuse, & permettez-moi de vous remercier ici à genoux de tous les bienfaits, & de toutes

les faveurs dont vous m'avez comblée, &
pour les occafions que j'ai eues par le moyen
de ma bonne maîtreffe & par le vôtre, d'apprendre mille chofes néceffaires & utiles :
j'oublierai déformais tout ce que vous m'a-
vez fait, & je vous promets que je ne pro-
noncerai jamais votre nom qu'avec reconnoiffance & avec refpect. Le Dieu tout-puiffant vous beniffe au fiecle des fiecles. *Amen.*

Alors je me levai avec un cœur tout autrement fatisfait que lorfque j'étois venue devant lui ; & je me fuis mife à écrire cette lettre. Ainfi tout eft heureufement fini.

Et maintenant, mes très - chers Pere &
Mere, attendez-vous à voir bientôt votre
pauvre fille retourner chez vous avec un
cœur humble & refpectueux. Soyez perfua-
dés que je faurai être auffi heureufe avec
vous, que je l'ai jamais été. Car je couche-
rai au grenier, comme j'avois coutume de
faire ; ayez foin, je vous prie, que le petit lit
foit prêt. J'ai un peu d'argent qui fervira à
m'acheter des habits plus convenables à ma
condition, que ceux que je porte maintenant. Je prierai la bonne femme Mumford
de me procurer de l'ouvrage pour travailler
à l'aiguille ; & ne craignez pas que je vous
fois à charge, auffi long-tems que Dieu me
confervera la fanté. Je fai que Dieu me benira, fi ce n'eft pour l'amour de moi-même,

au moins pour l'amour de vous deux , qui dans toutes vos épreuves & dans tous vos malheurs avez toujours conservé votre intégrité ; de forte que tout le monde fait votre éloge. J'efpere que mon maître permettra à Mad. Jervis de me donner un bon témoignage , de peur qu'on ne croie que j'ai été chaffée de chez lui pour quelque mauvaife action.

Ainfi , mes chers Pere & Mere , puiffiez-vous être benis pour l'amour de moi auffi-bien que pour l'amour de vous - mêmes. Je prierai toujours Dieu pour mon maître & pour Mad. Jervis. Je vous fouhaite le bon foir , car il fe fait tard , & on m'appellera bientôt pour m'aller coucher.

Je me flatte que Mad. Jervis n'eft pas fâchée contre moi , quoiqu'elle ne m'ait pas fait defcendre pour fouper avec elle ; auffi bien n'aurois-je rien pu manger. Je ne doute pas que je ne dorme parfaitement bien cette nuit , & que je ne reve que je fuis avec vous encore une fois , dans mon cher , cher & heureux grenier.

Bon foir , mes chers Pere & Mere , dit encore une fois

Votre vertueufe & pauvre Fille.

Peut-être ne partirai-je pas cette femaine ; parce qu'il faut que j'affemble & que je

62   LA VERTU

ferre tout le linge, & que je mette en ordre
tout ce qui eſt de mon reſſort en qualité de
fille de chambre. Ainſi écrivez-moi un mot
ſi vous le pouvez, pour me faire ſavoir ſi
je ſerai la bienvenue, & envoyez votre lettre par Jean, qui paſſera chez vous à ſon
retour. Mais au moins ne lui dites pas que
je m'en vais, car on diroit que je divulgue
tout.

LETTRE XVII.

Ma très-chere Fille,

BIen-venue, *bien-venue*, fois mille fois la
bien-venue, puiſque tu reviens vertueuſe, innocente & heureuſe. Tu es le ſoutien
de notre vieilleſſe, & notre conſolation. Et
quoique nous ne puiſſions pas faire pour toi
ce que nous ſouhaiterions, je ne doute point
que nous ne vivions agréablement enſemble;
je ſuis même aſſuré que nous ferons toujours
de plus en plus à notre aiſe moyennant ce que
nous pourrons gagner, moi par mon travail aſſidu, ta Mere en filant, & toi avec ton
aiguille. Le malheur eſt que la vue de ta
pauvre Mere commence à baiſſer. Pour moi,
graces à Dieu, je ſuis auſſi fort, auſſi robuſ-
te, & auſſi diſpoſé à travailler que jamais.
O ma chere fille, je penſe que c'eſt ta vertu

qui a augmenté mes forces, & fortifié ma santé. Que les tentations & les épreuves, lorsqu'on les a surmontées, sont de grandes bénédictions !

Mais je me souviens de ces quatre guinées : il me semble que tu dois les rendre à ton maître, & cependant je les ai entamées. Hélas ! je n'en ai que trois de reste : mais j'emprunterai la quatrieme, partie sur mes gages, & partie de Mad. Mumford, & je te les enverrai lorsque Jean passera par ici, s'il vient avant toi, afin que tu puisses rendre le tout.

Je voudrois savoir comment tu viendras. Je m'imagine que Jean, cet honnête garçon, voudra bien t'accompagner une partie du chemin, pourvu que ton maître ne soit pas d'assez mauvaise humeur pour le lui défendre. Si nous savons assez tôt le tems de ton depart, ta Mere ira cinq milles au-devant de toi, & moi dix, ou même aussi loin qu'un jour de congé me le permettra, car je puis en obtenir un : & nous te recevrons avec plus de plaisir que nous n'en eûmes à ta naissance, lorsque tout le danger de l'accouchement fut passé, & même avec plus de plaisir que nous n'en avons jamais ressenti durant tout le cours de notre vie.

Ainsi, Dieu te benisse, jusques à cet heu-

reux moment ! ta Mere dit la même chofe.
Nous fommes,

Tes très-affectionnés Parens.

L E T T R E XVIII.

Mes très-chers Pere & Mere

JE vous rends mille graces de la bonté
que vous me témoignez dans votre derniere lettre. Je languis maintenant de finir mes
affaires ici, pour retourner à mon premier lot,
comme je puis l'appeller. Je fuis devenue toute autre depuis que mon maître m'a donné
congé. Et puifque je vais vous retrouver
avec ma vertu, quel plaifir n'aurai-je pas,
en comparaifon de celui que j'aurois eu, fi je
n'avois pu paroître devant vous que criminelle ! Mon tems d'écrire fera bientôt paffé :
c'eft pourquoi je veux l'employer à préfent,
& vous raconter tout ce qui s'eft paffé depuis ma derniere.

Je m'étonnois de ce que Mad. Jervis
ne me faifoit pas appeller pour fouper a-
vec elle, je craignois qu'elle ne fût fâchée : & lorfque j'eus fini ma lettre, je
languiffois qu'elle vînt fe coucher. Enfin elle
monta ; mais elle parut froide & réfervée.
Oh !

Oh ! ma chere Mad. Jervis , lui dis-je , que je fuis charmée de vous voir. Je me flatte que vous n'êtes pas en colere contre moi. Elle dit, qu'elle étoit fâchée que les chofes euffent été fi loin ; & qu'elle avoit eu une longue converfation fur mon fujet avec mon maitre , après que je me fus retirée ; qu'il avoit paru touché de ce que je lui avois dit , de ce que je m'étois jettée à fes genoux , & du fouhait que j'avois fait pour lui en le quittant. Il dit que j'étois une étrange fille , & qu'il ne favoit que penfer de moi. Eft-elle donc partie , ajouta-t-il , j'avois deffein de lui dire encore quelque chofe , mais elle s'eft comportée d'une maniere fi étrange, que je n'ai pas eu la force de l'arrêter. Mad. Jervis lui demanda s'il vouloit qu'elle me rappellât ? Ouï, dit-il, & puis, non, laiffez-la aller : il vaut mieux pour elle , & pour moi auffi qu'elle forte de chez moi puifque je lui ai donné congé. Je ne fais où elle a pris tout ce qu'elle dit ; mais je n'ai jamais de ma vie vu uue fille comme elle , à quelque âge que ce foit. Mad. Jervis me dit , qu'il lui avoit défendu de me rapporter ce qu'il lui difoit : elle ajouta , qu'elle étoit perfuadée qu'il n'attenteroit plus rien , & qu'elle croyoit que je pourrois refter chez lui , fi je voulois le demander comme une grace , quoiqu'elle n'en fût pourtant pas fûre.

I. Partie.   F

Moi, demeurer ! Mad. Jervis, dis-je : en vérité la meilleure nouvelle qu'on puisse m'annoncer, c'est qu'il veuille bien me laisser partir. Je ne desire rien tant que de retourner à ma détresse & à ma pauvreté, comme il m'a dit que j'y retournerois ; car quoique je sois assurée de la pauvreté, je n'aurai pas la moitié tant de détresse que j'en ai eu depuis quelques mois, je vous en assure.

Mad. Jervis (oh la chere & bonne amie) pleura sur moi, & dit, Eh bien, eh bien, Pamela, je ne croyois pas vous avoir témoigné si peu d'amitié, que vous pussiez avoir tant de joie de me quitter. Je n'ai point eu d'enfant qui m'ait été si cher que vous, soyez-en persuadée.

Je pleurai en voyant qu'elle avoit tant d'amitié pour moi ; & en effet elle m'en a toujours témoigné beaucoup. Que voulez-vous que je fasse, ma chere Mad. Jervis ? lui dis-je. Après mon Pere & ma Mere, vous êtes la personne que j'aime le plus ; & le plus grand chagrin que j'aie en quittant cette maison, c'est de me séparer de vous : mais je suis sûre que je suis perdue si je reste. Après de pareils atentats, & de pareilles menaces, après que dans le tems même de sa derniere entreprise criminelle il s'est comparé à un infame ravisseur, après qu'il s'est moqué de moi jusqu'à dire que nous fournirions tous

deux un joli fujet de Roman; puis-je demeurer fans danger? Ne s'eft-il pas déshonoré
lui-même jufques à deux fois? Il faut que
je me précautionne contre un troifieme attentat, de peur qu'il ne prenne des mefures
plus fûres pour me perdre. Peut-être ne s'at-
tendoit-il pas qu'une pauvre fervante feroit
tant de réfiftance contre fon maître. Et fi je
reftois chez lui après cela, ne feroit-ce pas
en quelque forte juftifier de pareilles actions?
Car il me femble que lorfqu'une perfonne de
notre fexe fe voit attaquée, elle ne fait qu'encourager un homme à pourfuivre fa pointe,
lorfqu'elle lui en fournit des occafions, qu'il
eft en fon pouvoir d'éviter; c'eft montrer
que l'on peut pardonner ce qui ne doit jamais être pardonné; & c'eft-là, je vous en
affure, un grand encouragement à commettre
les plus vilaines actions.

Elle m'embraffa, & dit, *Je vous en affure*,
mon aimable enfant, où as-tu pris à ton âge
toutes ces connoiffances, & toutes ces juftes
idées que tu as. Tu es un vrai miracle, je
t'aimerai toujours. Mais avez-vous donc réfolu de nous quitter, Pamela?

Ouï, ma chere Mad. Jervis, dis-je. Car
fur le pié où font les chofes, comment puis-
je faire autrement? Mais fi on veut bien me
le permettre; je finirai premierement tout ce
qu'il me refte à faire comme fille de Cham-

bre : & j'espere que vous voudrez bien me donner un témoignage de probité , afin qu'on ne croie pas que j'aie été mise dehors pour quelque mauvaise action. Ouï, ouï, je le ferai , dit-elle , je te donnerai un témoignage que jamais fille ne mérita à ton âge. Et moi, répondis-je, je suis sûre que je vous aimerai , & que je vous honorerai toujours comme la meilleure de mes amies, après mon Pere & ma Mere , quoiqu'il m'arrive , ou quelque part que j'aille.

Là-dessus nous nous couchâmes , & je ne m'éveillai point , qu'il ne fût tems de se lever ; je me levai gaie comme un Pinçon , & je fus à mon ouvrage avec tout le plaisir du monde.

Mais mon maître est, je crois , terriblement en colere contre moi ; car il a passé près de moi deux ou trois fois sans vouloir me parler : & vers le soir il me rencontra dans l'allée , en allant au jardin , & il prononça un mot , que je ne lui avois de ma vie ouï dire à personne. Il dit d'abord , Cette créature est toujours dans mon chemin. Je lui répondis , en me rangeant contre la muraille , autant que je le pouvois (& l'allée est si large qu'un carrosse y pourroit passer) J'espere, Monsieur, que je ne serai pas long-tems dans votre chemin. Dieu vous da.... (c'est la parole rude qu'il prononça) Sorciere que vous êtes ; vous me faites perdre patience.

Je vous protefte que je tremblai en l'entendant parler ainfi. Mais je vis qu'il étoit chagrin ; & comme je fuis fur le point de m'en aller , je ne m'en fuis pas mife autrement en peine. Mais je vois , mes chers Parens , que lorfqu'un homme eft capable de commettre des actions criminelles , on ne doit pas être furpris , qu'il prononce de mauvaifes paroles. Je fuis

Votre tres-obéiffante Fille.

LETTRE XIX.

Mes très-chers Pere & Mere ,

JEan ayant occafion d'aller dans vos quartiers je vous écris encore , & j'envoie les deux lettres en même tems. Je ne fais pas encore quand je partirai , ni comment j'irai , parce que Mad. Jervis ayant montré à mon maître la vefte que je lui brode , il a dit , Cela eft affez joli , il me femble qu'il vaut mieux que cette créature refte ici jufqu'à ce qu'elle l'ait finie.

Il y a eu quelques converfations fecrettes entre lui & Mad. Jervis : elle ne m'en a rien dit ; mais elle continue à avoir toujours beaucoup de bonté pour moi , & je ne la foupçonne en aucune maniere. Il faudroit que j'euffe l'ame bien baffe pour le faire. Mais il faut fans doute qu'elle prenne garde à ne le pas défobliger, & qu'elle exécute tous fes ordres qui font légitimes ; & j'ofe affurer qu'elle ne voudroit pas en exécuter d'autres, tant elle a de vertu, & tant elle m'aime. Mais quand je ferai partie, il faudra qu'elle refte, & il ne faut pas qu'elle s'attire les mauvaifes graces de fon maître.

Elle m'a encore follicitée de demander à refter, & de m'humilier, comme elle parle. Mais qu'ai-je donc fait, Mad. Jervis ? ai-je dit. Si j'ai été une impertinente, une effrontée, une infolente, une créature (ce font les noms qu'il me donne) n'en ai-je pas eu de bonnes raifons ? Penfez-vous que je me fuffe oubliée moi-même, s'il ne s'étoit pas oublié lui-même le premier, jufqu'à agir d'une maniere peu féante à un maître ? Parlez-moi franchement, ma chere Mad. Jervis, & dites-moi fi vous croyez que je puiffe refter ici fans danger ? Que penferiez-vous, & que feriez-vous, fi vous étiez à ma place ?

Ma chere Pamela, a-t-elle dit, en me baifant, je ne fai ni ce que je penferois, ni comment je me conduirois. Je me flatte que je ferois comme vous ; mais je ne connois perfonne qui en fît autant. Mon maître eſt un bel homme ; il a beaucoup d'eſprit & de bon ſens, & je ſais qu'il y a une demi douzai- ne de jeunes Demoiſelles, qui ſont charmées de lui, & qui ſe croiroient fort heureuſes, s'il leur faiſoit la cour. Il a un très-beau bien, & je crois qu'il aime la bonne Pamela, quoique ſa ſervante, plus que toutes les De- moiſelles du pays. Il a tâché de vaincre ſon amour, parce qu'il ſait que vous êtes fort au-deſſous de lui, mais je crois qu'il ne ſau- roit en venir à bout ; & ce qui le chagri- ne, fier comme il eſt, c'eſt ce qui l'a dé- terminé à vous renvoyer ; & c'eſt ce qui eſt cauſe qu'il vous parle ſi durement lorſ- qu'il vous rencontre par hazard.

Mais, Mad. Jervis, dis-je, permettez- moi de vous faire une queſtion. S'il peut s'a- baiſſer juſqu'à aimer une pauvre fille comme moi, & cela n'eſt pas impoſſible (car j'ai lu des choſes auſſi étranges de quelques gens de diſtinction, envers de pauvres filles) quelles peuvent être ſes vues ? Il pourra peut-être condeſcendre juſques à me croire aſſez bonne pour être ſa Maitreſſe : car ce qui ne déshonore pas un homme, ruine la réputation d'une fille : ainſi va le monde. De ſorte que ſi je manquois de vertu, il voudroit bien m'entretenir, juſques à ce que je fuſſe entierement perdue, ou juſques à ce qu'il fût lui-même changé ; car , comme je l'ai lu quelque part , les méchans se laffent bientôt de la même efpece de méchanceté ; ils veulent de la variété jufques dans le crime. Il faudra alors que la pauvre Pamela foit renvoyée , & qu'elle foit regardée partout comme une vile créature abandonnée , que tout le monde méprifera ; & même avec raifon , Mad. Jervis ; car celle qui ne fait pas conferver fa vertu , mérite de vivre dans l'infamie.

Mais Mad. Jervis , continuaï-je , permettez-moi de vous dire , que , quand même je ferois affurée qu'il auroit toujours de la bonté pour moi , & qu'il ne me chafferoit jamais , je me flatte pourtant que j'aurois affez de piété pour haïr fes tentations , & pour y réfifter , quand il feroit non feulement mon maitre , mais même mon Roi; & cela à caufe du crime. C'eft ce que mes chers & pauvres parens m'ont toujours enfeigné. Il faudroit en effet que je fuffe une bien vile & bien méchante créature , fi pour l'amour des richeffes ou de la faveur , je perdois ma réputation : ouï , je ferois pire qu'aucune autre jeune perfonne de mon fexe , parce que je puis retourner fans aucun regret à mon ancienne pauvreté , & que je crois qu'il y a moins de déshonneur à

n'être

n'être vêtue que de haillons , & à ne vivre que de pain noir & d'eau , comme j'avois coutume de faire , qu'à être la maîtresse de l'homme du monde le plus distingué.

Mad. Jervis leva les mains au ciel , & dit fondant en larmes , Dieu te benisse , ma chere amour, tu me combles d'admiration & de délices : Comment ferai-je pour me séparer de toi.

Eh bien , ma bonne dame , dis - je , permettez-moi de vous faire encore une question. Vous avez eu quelques conversations avec lui, & peut-être qu'il ne vous a pas permis de me rapporter tout. Mais supposé que je lui demandasse à rester ici, pensez-vous qu'il soit fâché de ce qu'il a fait, & qu'il en ait même honte : car je suis sûre qu'il devroit en avoir honte, vu son rang & ma bassesse, & puisque je n'ai rien au monde que ma seule vertu sur quoi je puisse compter. Croyez-vous en conscience (parlez-moi sincerement , je vous prie) croyez-vous qu'il n'entreprenne plus rien contre moi, & que je puisse être en sûreté.

Hélas ! ma chere Enfant , dit-elle , ne me propose pas tes questions embarrassantes avec ce joli petit air sérieux , qui pourtant te sied si bien. Tout ce que je sais, c'est qu'il est fâché de ce qu'il a fait ; il fut fâché la premiere fois, & plus fâché encore la seconde.

I. Partie   G

Ouï, lui dis-je, & je m'imagine, qu'il fera fâché encore une troisieme fois, & puis une quatrieme, jusqu'à ce qu'il ait entierement perdu votre pauvre servante. Et qui est-ce qui aura sujet d'être fâché alors?

Ne vous imaginez pas, Pamela, dit-elle, que je voulusse pour rien au monde, contribuer à votre perte. Tout ce que je puis dire, c'est que jusques à présent il ne vous a point fait de mal. Et il n'est pas surprenant qu'il vous aime, tant vous êtes jolie, quoique si fort au-dessous de lui : mais j'oserois jurer pour lui, qu'il ne vous fera jamais aucune violence.

Vous dites, repris-je, qu'il fut fâché de sa premiere entreprise dans le cabinet du jardin. Combien de tems dura son regret? Ce ne fut que jusques à ce qu'il me trouva seule ; & alors il fit pis que la premiere fois ; & il fut fâché de nouveau. Et s'il daigne m'aimer, comme vous dites qu'il ne sauroit s'en empêcher, il ne pourra pas s'empêcher non plus de vouloir une troisieme fois me rendre malheureuse, s'il en trouve l'occasion. J'ai lu que bien des hommes ont paru être confus de leurs mauvais desseins après avoir été repoussés, qui n'en auroient pas eu la moindre honte s'ils avoient réussi. Dailleurs, Mad. Jervis, s'il n'a réellement aucun dessein de me faire violence, qu'est-ce que cela fignifie , auffi long-tems qu'il ne fauroit s'empêcher , comme vous dites, de me trouver à fon gré? Car ce ne peut pas être de l'amour. Cela ne fignifie-t-il pas qu'il efpere de me perdre de mon propre confentement? Je me flatte que je ne fuccomberai point à fes tentations, quelque chofe qu'il puiffe m'offrir; & j'efpere que Dieu m'en fera la grace. Mais il y auroit de la préfomption à moi de me fier fur mes propres forces contre un Gentilhomme fi riche , qui a tant de bonnes qualités, qui eft mon maître , & croit avoir droit de m'appeller impudente , & de me dire mille autres injures femblables , feulement parce que je me défends & que je tâche à me juftifier , & cela fur un fujet où il s'agit du bonheur de mon corps & de mon ame, & de mes devoirs envers Dieu & envers mes Parens. Comment donc , Mad. Jervis , puis-je demander , ou fouhaiter de refter?

Eh bien, eh bien, dit elle, comme il paroît defirer férieufement que vous vous en alliez, je me flatte que c'eft par un bon motif, & de peur qu'il ne foit tenté de fe déshonorer lui - même auffi bien que vous. Non , non, Mad. Jervis, répondis-je ; j'ai penfé à cela auffi : car je ferois bien aife d'avoir bonne opinion de lui, comme c'eft mon devoir. Mais s'il avoit de bons motifs , il m'auroit laiffé aller chez Mylédy Davers , & il n'auroit pas empêché mon avancement : Et il n'auroit pas dit , que je retournerai à ma détreffe & à ma pauvreté, d'où j'avois été tirée par la bonté de fa Mere. Mais il vouloit m'effrayer, & il croyoit me punir de ce que je n'avois pas voulu confentir à fa méchanceté. Cela me fait connoître affez ce que j'ai à attendre de fes bontés, à moins que je ne les mérite au prix exorbitant qu'il y veut mettre lui-même.

Mad. Jervis garda le filence ; ce qui me fit ajouter , Eh bien donc , voilà qui eft fini ; il faut que je parte. Toute ma peine eft de favoir comment je me féparerai de vous , & même , après vous , de tous les domeftiques. Car ils m'ont tous témoigné beaucoup d'amitié : Vous & eux me couterez de tems en tems des foupirs , & même des larmes. Là-deffus je me mis à pleurer. Je ne pouvois pas m'en empêcher. Car c'eft quelque chofe de bien agréable , lorfqu'on fert dans une maifon où il y a beaucoup de domeftiques, d'être aimée de tous.

J'aurois dû vous dire auparavant combien M. *Longman* notre maître d'hôtel eft bon & civil à mon égard : il eft extremement obligeant dans toutes les occafions , je vous en affure. Il dit un jour à Mad. Jervis, qu'il fouhaiteroit d'être jeune pour l'amour de moi; il m'épouferoit, & me donneroit tout fon bien par fon contrat de mariage; or vous faurez qu'on le croit extremement riche.

Je ne me glorifie point de cela, mais je benis Dieu, mes chers Parens, de ce que par fa grace & par les bons exemples que vous m'avez donnés, j'ai été rendue capable de me conduire d'une maniere qui m'a gagné l'amitié de tout le monde. Il eft vrai que notre cuifiniere, qui eft quelquefois un peu hargneufe & de mauvaife humeur, dit un jour en ma préfence, Eh bien, cette Pamela qui eft chez nous le porte auffi beau qu'une demoifelle : voyez ce que c'eft que d'avoir un joli vifage ! Je voudrois bien favoir ce que deviendra cette fille à la fin.

Elle s'étoit échauffée en faifant la cuifi-ne, je me retirai doucement; car je vais rarement à la cuifine; & j'entendis le fommelier qui lui difoit, Qu'y a-t-il Jeanne ? perfonne ne peut obtenir votre approbation. Qu'eft-ce que Pamela vous a fait ? Je fuis fûr qu'elle n'offenfe perfonne, Et que lui ai-je dit, fot que tu es, répliqua la bourrue, fi ce n'eft qu'elle eft jolie ? J'entendis enfuite qu'ils fe querellerent : j'en fus fâchée; mais je ne m'en embarraffai pas davantage. Pardonnez ce ridicule babil à

Votre très-obéiffante Fille.

G iij

Oh! J'oubliois de vous dire que je demeurerai ici jufques à ce que j'aie fini la vefte. Je n'ai jamais fait un plus joli ouvrage. Je me leve de grand matin, & je me couche tard pour l'achever ; car je languis d'être avec vous.

LETTRE XX.

Mes très-chers Pere & Mere ;

JE ne vous ai pas fait tenir mes dernieres auffi-tôt que je l'avois efpéré, parce que Jean (je ne fai fi mon maître le foupçonne ou non) fut envoyé chez Mylédy Davers au lieu d'Ifaac , qui avoit coutume d'y aller. Je n'ofai pas être fi libre avec celui-ci que de le charger de mes lettres ; & d'ailleurs je ne favois pas bien fi je pouvois me fier à lui, quoiqu'il foit auffi très-civil à mon égard. Je fus donc obligée d'attendre le retour de Jean.

Comme je n'aurai peut-être pas occafion d'envoyer chez vous de quelque tems , & que je fai que vous gardez mes lettres , & que vous les lifez & relifez (car Jean me l'a dit) lorfque vous avez fait votre ouvrage (tant votre bonté vous fait aimer ce qui vient de votre pauvre fille) & comme d'ailleurs j'au-

rai peut-être quelque plaifir à les relire moi-
même , lorfque je ferai chez vous , pour
me rappeller les dangers que j'ai courus , &
combien la protection de Dieu a été grande
envers moi ; & que cette lecture pourra me
confirmer de plus en plus dans les bonnes
réfolutions que j'ai prifes, afin que ma mauvaife conduite ne me fourniffe pas ci-après
de quoi me condamner, pour ainfi dire, par ma
propre main ; pour toutes ces raifons , dis-
je, je continuerai, l'orfque j'en aurai le tems , à
mettre par écrit tout ce qui m'arrivera , & je
vous enverrai mon griffonnage à mefure
que j'en trouverai l'occafion : & fi je ne le
foufcris pas toujours dans les formes , comme c'eft mon devoir , je fuis perfuadée que
vous ne croirez pas que ce foit manque de
refpect. Dans ma derniere je vous ai rendu
compte de la converfation que j'eus avec
Mad. Jervis, pour favoir fi je devois demander à refter. Continuons mon hiftoire.

A l'infu de Madame Jervis j'exécutai
une efpece de projet que j'avois formé. J'a-
vois dit en moi-même il y a quelques jours ;
Voilà que je m'en vais retourner chez mon
Pere & ma Mere qui font pauvres , & je
n'aurai rien fur le dos qui réponde à ma
condition : Car quelle figure votre pauvre
fille feroit-elle , avec une robe de chambre
& des jupes de foie, des coëffures de Cam-

bray, de beau linge, de toile de Hollande, des souliers galonnés qui avoient appartenu à ma maîtresse, & de beaux bas ! Dans peu de tems tout cela auroit paru comme de vieilles hardes de rebut, & on se seroit mocqué de celle qui les auroit portées. Voyez, auroit-on dit, (car les pauvres sont envieux aussi-bien que les riches) voyez la fille de la bonne femme Andrews, qui a été mise hors de condition, & renvoyée chez ses parens. Qu'elle paroît pimpante ; ah ! que ces beaux habits conviennent bien à la pauvreté de ses parens ! & de quel œil me regardera-t-on, disois-je en moi-même, lorsque tous ces beaux habits seront usés ? Et quelle figure ferois-je, quand même je pourrois peu-à-peu me remettre à porter des habits grossiers, à mesure que je viendrois à en avoir ? Une vieille robe de soie, par exemple, avec une jupe de brocatelle ; ah ! que cela auroit bon air. Je pensai donc qu'il valoit beaucoup mieux m'habiller tout d'un coup d'une maniere convenable à ma condition : & quoique ces nouveaux habits paroissent bien pauvres en comparaison de ceux que j'avois coutume de porter dans ces derniers tems, ils pourront pourtant servir à me parer les dimanches & les jours de fête ; & si Dieu benit mon travail & mon industrie, peut-être que je pourrai aller toujours vêtue de même.

Ainſi donc , comme je l'ai dit , à l'inſu de tout le monde, j'achetai de la femme & des filles du fermier Nichols une bonne étof-fe de couleur brune , qu'elles avoient filée elles-mêmes ; il y en avoit aſſez pour une robe & deux jupes ; j'ai fait les paremens de la robe d'un joli morceau de toile peinte que j'avois.

J'avois une jupe piquée d'un aſſez bon camelot ; j'ai acheté deux jupons de flanel-le : ils ne ſont pas ſi beaux , que ceux que j'ai , dont les uns ſont de peau-de-Cigne , & les autres de toile très-fine ; mais ils me garan-tiront du froid lorſque j'irai de tems en tems avec mes voiſines les aider à traire les va-ches, comme j'avois coutume de faire autre-fois ; car je me propoſe de rendre à mes voi-ſines tous les ſervices qui dépendront de moi, & de gagner , ſi je puis , l'amitié de tout le monde dans vos quartiers, comme j'ai fait ici.

J'ai acheté auſſi d'aſſez bonne toile d'E-coſſe, & je m'en ſuis fait deux chemiſes, y travaillant le matin & le ſoir, lorſque perſon-ne ne me voyoit, j'en ai aſſez de reſte pour vous faire à chacun deux chemiſes, mon cher Pere , & ma chere Mere. Je les ferai dès que je ſerai chez vous, & je vous prie de les accepter comme mon premier préſent.

J'ai acheté auſſi d'un Colporteur deux

jolis bonnets ronds, un chapeau de paille, & une paire de mitaines, dont le bout qui fe retourne eft doublé d'une toile de coton blanc; deux paires de bas de laine bleue, qui quoique groffiers, me feront paroître affez brave, je vous en réponds, à caufe que les coins en font blancs. J'ai encore acheté deux verges de ruban noir, pour attacher les manches de mes chemifes, & pour m'en fervir en guife de colier. Après avoir fait apporter tout cela au logis, j'en fis la vifite toutes les deux heures pendant deux jours de fuite. Car il faut que vous fachiez, que quoique je couche avec Mad. Jervis, j'ai pourtant confervé mon petit appartement, où je tiens mes hardes & où perfonne n'entre que moi. Vous direz qu'il faut que j'aie été bonne ménagere pour avoir pu épargner tant d'argent. Mais ma chere & bonne maîtreffe étoit toujours à me donner quelque chofe.

J'ai cru que j'étois d'autant plus obligée de faire ce que j'ai fait, qu'étant renvoyée pour avoir manqué à ce que mon maître prétend lui être dû, & étant réfolue à ne lui point accorder le retour qu'il attend pour les préfens qu'il m'a faits, j'ai penfé qu'il étoit bien jufte de lui laiffer tous fes préfens lorfque je m'en irai : car puifque je ne veux pas gagner les gages qu'il m'offre, pourquoi les prendrois-je ?

Maintenant que j'y fonge, je vous prie de ne vous point inquiéter au fujet des quatre guinées, & de ne rien emprunter pour les rendre completes : car, comme je vous l'ai dit, elles me furent données avec quelques pieces d'argent, comme un profit qui m'appartenoit, étant ce que ma maîtreffe avoit fur elle l'orfqu'elle mourut : & comme je n'attends point d'autres gages, je crois avoir affez bien gagné cela durant les quatorze mois qui fe font écoulés, depuis la mort de ma maîtreffe. Car pour ce qui eft du tems qui a précédé fa mort, hélas ! cette bonne Dame ne m'a que trop récompenfée par la bonne éducation qu'elle m'a donnée, & par les préfens qu'elle m'a faits. Si elle eût vécu, rien de tout ce qui s'eft paffé ne feroit arrivé. Mais je dois rendre graces à Dieu, de ce que les chofes n'ont pas été plus mal. Tout tournera pour le mieux ; c'eft ce dont je fuis perfuadée

Ainfi, comme je l'ai dit, je me fuis pourvue de nouvelles hardes, plus convenables à mon état, & je languis de paroître dans ce nouvel attirail plus que je n'ai jamais fouhaité de mettre des habits neufs ; car alors, j'en ferai plutôt avec vous, & j'aurai l'efprit tranquille : Mais chut. Je fuis, &c.

LETTRE XXI.

Mes très-chers Pere & Mere ,

JE fus obligée de couper court ; car je craignois que mon maître ne vînt ; mais c'étoit feulement Mad. Jervis. Elle me dit en entrant ; je ne faurois fouffrir , Pamela , que vous foyez toute feule. Et moi , dis-je je ne crains rien tant que la compagnie ; car le cœur commençoit déja à me manquer, parce que je croyois entendre venir mon maître ; mais je me réjouïs toujours de voir ma chere Mad. Jervis.

J'ai eu , dit-elle , une longue converfation avec mon maître fur votre fujet. Je fuis fâchée , répondis-je , de ce qu'il me regarde comme une perfonne d'affez grande conféquence pour parler de moi. Oh ! dit-elle, je ne dois pas vous dire tout ; mais vous lui êtes de plus grande conféquence que vous ne penfez.

Ou, *que je ne fouhaite ,* ajoutai-je. Car quelles en feroient les fuites ? C'eft que je ne ferois plus de conféquence à moi-même , ni à qui que ce foit.

Tu as , me dit-elle , plus d'efprit qu'aucune Dame que je connoiffe. Où eft-ce que tu prens tout cela ? (Il faut en vérité que ces Dames foient bien fottes , fi avec toutes

les occasions qu'elles ont de cultiver leur en-
tendement, elles n'ont pas plus d'esprit que
moi. Mais passons cela.)

Je m'imagine, dis-je à Mad. Jervis, que je
lui suis assez de conséquence, au moins pour
le chagriner, ne fût-ce que par la pensée de
n'avoir pas pu mener à ses fins une créature
comme moi: cela choque sa vanité, & c'est
ce qu'il ne sauroit digérer.

Il en est peut-être quelque chose, dit-elle;
mais en vérité, Pamela, il est aussi fort en
colere contre vous: il vous dit mille injures;
il s'étonne de sa propre folie, de vous avoir
témoigné tant de bonté; il y étoit enclin d'a-
bord, dit il pour l'amour de sa Mere; & il
auroit continué de le faire pour l'amour de
vous-même, si vous n'aviez pas été votre propre ennemie.

A présent, je ne saurois vous aimer Mad.
Jervis, lui dis-je; car vous allez tâcher de
me persuader de rester, quoique vous con-
noissiez le danger que je cours. Non, reprit-
elle, il dit, que vous vous en irez; car il
croit que sa réputation en souffriroit s'il vous
gardoit chez lui. Mais il souhaiteroit (n'en
parlez pas pour toute chose au monde, Pamela) il souhaiteroit de connoître quelque
fille de distinction, qui vous ressemblât par
sa personne & par son esprit, & il l'épouseroit
dès demain.

A ces mots je devins rouge comme du feu : Si j'étois, dis-je, cette fille de diftinction, & qu'il voulût prendre des libertés, comme il a fait deux fois avec moi, pauvre créature que je fuis, je ne fai fi je voudrois accepter fa main : Car une fille capable de fouffrir fans reffentiment de pareilles infultes, ne feroit pas, je penfe, digne d'être la femme d'un Gentilhomme ; non plus que celui qui oferoit lui faire ces infultes, ne mériteroit pas lui-même le titre de Gentilhomme.

Hola, Pamela, dit-elle, tu pouffes maintenant ta délicateffe trop loin. Ma chere Mad. Jervis, répondis-je fort férieufement, car je ne pouvois m'en empêcher, je crains à préfent plus que jamais. Toute la priere que j'ai à vous faire, comme à la meilleure amie que j'aie au monde, c'eft de ne pas dire un mot qui puiffe lui faire foupçonner que j'aie demandé à refter. Dire que j'agrée à mon maître, tandis que je fai quelles font fes vues, c'eft une abomination, que je ne faurois entendre ; & je ne me croirai pas en fûreté, que je ne fois chez mes pauvres Pere & Mere.

Elle fut un peu fâchée contre moi, jufques à ce que je l'euffe affurée, que je n'avois pas la moindre inquiétude par rapport à elle, & que je me croyois en fûreté à l'ombre de fa protection, & de fon amitié. Ainfi nous interrompîmes la converfation pour ce tems-là.

J'efpere que j'aurai fini cette vilaine vefte au bout de deux jours; après quoi je n'aurai plus que quelque linge à mettre en ordre; & je vous ferai favoir comment je m'y prendrai pour me rendre chez vous; car les grandes pluies que nous avons eues, font caufe qu'il fait fort mauvais aller à pied. Peut-être trouverai-je une place dans le chariot du fermier Nichols, qui me conduira jufques à.... qui eft à dix milles d'ici; car je ne faurois me tenir bien à cheval. Et peut-être qu'on ne fouffrira pas que perfonne me conduife un bout de chemin. Mais j'efpere de vous en dire davantage une autre fois: Je fuis, &c.

LETTRE XXII.

Mes très-chers Pere & Mere,

TOUS les domeftiques commencent à croire que je dois m'en aller; mais ils ne fauroient concevoir pour quelle raifon. Mad. Jervis leur a dit que mon Pere & ma Mere commençant à devenir vieux, ils ne fauroient vivre fans moi, & que par ce motif j'irai chez eux pour les confoler dans leur vieilleffe; mais ils ne paroiffent pas ajouter foi à cette raifon.

Voici comment ils ont découvert que je m'en vais. Comme je paffois proche de mon

maître dans l'allée qui conduit dans la grande
falle, le fommelier entendit mon maître qui
difoit, qui eſt là? Je répondis, c'eſt Pamela, Monſieur. Pamela! dit-il, combien de
tems demeurerez-vous encore ici? Seulement
juſques à ce que la veſte ſoit finie, Monſieur,
répondis-je, & elle l'eſt preſque. Il me ſemble, dit-il aſſez rudement, que vous auriez
pu l'achever il y a long-tems. En vérité,
Monſieur, lui dis-je, j'y travaille dès le
grand matin, juſques au ſoir fort tard ; mais
il y a beaucoup d'ouvrage. *Beaucoup d'ouvrage*, reprit-il; c'eſt que vous tenez la plume plus ſouvent que l'aiguille ; je n'ai que
faire d'une pareſſeuſe comme vous dans ma
maiſon.

Il parut ſurpris lorſqu'en entrant dans la
falle il y vit Mr. Jonathan. Que faites-vous
là ? lui dit-il. Le fommelier fut auſſi conſter-
né que je pouvois l'être ; car n'étant pas accoutumée à me voir traiter ſi durement, je ne
pouvois pas m'empêcher de pleurer. Je me
retirai, & fus faire mes plaintes à Mad. Jervis. Cet amour eſt le D…le, dit-elle ; combien de différens perſonnages ne fait-il pas
jouer? & ſouvent un perſonnage tout oppoſé
aux ſentimens du cœur.

Depuis ce tems-là les domeſtiques tantôt
l'un, tantôt l'autre, diſent ſouvent, Quoi
donc ? Mad. Jervis ; eſt-ce que nous allons
perdre

perdre Mademoiselle Pamela? Car c'eſt ainſi qu'ils m'appellent. Qu'a-t-elle fait? Elle leur répond, comme je l'ai dit, que je m'en vais pour vous aller tenir compagnie.

Mad. Jervis me dit, Pamela, vous avez cauſé un ſi grand changement dans notre maître, que de l'homme le plus gai & le plus doux qu'il étoit auparavant, il eſt devenu le plus chagrin & le plus bourru du monde. Mais il eſt en votre pouvoir de lui rendre ſa gaieté & ſa douceur; quoique j'eſpere que vous ne le ferez jamais aux conditions qu'il ſouhaite.

Ce que Mad. Jervis diſoit étoit un effet de ſa bonté; mais cela ſignifioit pourtant, qu'elle avoit auſſi mauvaiſe opinion de ſes deſſeins que moi; & comme elle ſavoit encore mieux que moi ce qu'il penſoit; cela me convainquit de plus en plus qu'il eſt néceſſaire que je m'en aille le plutôt que je pourrai.

Mon maître vient d'entrer dans ce moment pour parler à Mad. Jervis de quelques affaires du ménage, parce qu'il doit avoir compagnie à dîner chez lui demain. Comme j'avois pleuré à cauſe de la dureté avec laquelle il venoit de me traiter, je détournai mon viſage dès qu'il entra. Tu as raiſon; dit-il, de cacher ton maudit viſage; je voudrois ne l'avoir jamais vu. Mad. Jervis, continua-t-il, combien de tems ſera-t-elle encore après cette veſte?

Monſieur, lui dis-je, je l'aurois emportée avec moi, ſi vous l'aviez voulu; & je le ferai encore, ſi vous voulez me le permettre; & j'ôterai de devant vos yeux cette pauvre & haïſſable Pamela.

Mad. Jervis, dit-il, en s'adreſſant à elle, & non pas à moi, ſi jamais il y eut de ſorciere, je crois que cette petite ſouillon en eſt une; car elle enchante tous ceux qui l'approchent, & vous oblige vous-même, qui devriez un peu mieux connoître le monde, à la croire un Ange de lumiere.

Je voulus ſortir de la chambre, car je m'imagine, que malgré toute ſa colere, il avoit deſſein de m'engager à lui demander la permiſſion de reſter chez lui; mais il me dit, Demeurez, demeurez, quand je vous l'ordonne, & là-deſſus il me prit la main. Je tremblai de peur, & lui répondis, Je demeurerai, Monſieur, car il me faiſoit mal aux doigts tant il me ſerroit la main.

Il ſembloit vouloir me dire quelque choſe, mais il s'arrêta tout court, & me dit, Retirez-vous. Je m'en fus auſſi vîte qu'il me fut poſſible, & je le laiſſai avec Mad. Jervis avec qui il eut une longue converſation, à ce qu'elle m'a rapporté; il lui témoigna, entre autres choſes, qu'il étoit fort fâché d'avoir parlé aſſez haut pour avoir été entendu de M. Jonathan.

Il faut que vous sachiez que Mr. Jonathan notre sommelier est un bon vieillard fort grave, qui a les cheveux blancs comme de la neige; c'est en vérité un très-digne homme. Je me retirois en grand'hâte, & comme on dit, la puce à l'oreille; en descendant l'escalier je le rencontrai; il me prit la main, mais plus doucement que n'avoit fait mon maître; Charmante & aimable Mademoiselle Pamela, me dit-il; qu'est-ce que je viens d'entendre? J'en suis vivement touché : mais je vous assure que j'accuserai tout autre plutôt que vous. Je vous suis bien obligée, Mr. Jonathan, dis-je; mais si vous ne voulez pas perdre votre poste, prenez garde qu'on ne vous voie parler à une fille comme moi. Je me mis à pleurer, & je descendis aussi-tôt que je pus, pour l'amour de lui, de peur qu'on ne s'aperçût qu'il avoit pitié de moi.

Je vous donnerai maintenant une preuve de l'amitié que Mr. Longman me témoigne aussi. J'avois perdu ma plume je ne sai comment, & j'avois employé tout mon papier; de sorte que j'entrai dans l'Office de Mr. Longman notre Maître d'Hôtel, pour le prier de me donner deux ou trois plumes & quelques feuilles de papier. De tout mon cœur, mon aimable fille, me dit-il; & il me donna trois plumes, quelques pains à cacheter, un bâton de cire, & douze feuilles de papier.

Et en quittant fon pupitre où il étoit à écrire;
il me dit, Permettez-moi de vous dire un
mot : ma jolie petite maîtreffe (car c'eft ainfi
que les deux bons vieillards m'appellent , &
je crois qu'ils m'aiment de tout leur cœur)
j'entends de mauvaifes nouvelles, ajouta-t-il,
on dit que nous allons vous perdre ; je me
flatte qu'il n'en eft rien. Ouï, Monfieur, lui
dis-je , cela eft , mais j'efpérois qu'on ne le
fauroit pas avant mon départ.

Que D...le, s'écria-t-il, notre maître a-
t-il depuis peu ? Je n'ai jamais vu de ma
vie un pareil changement en aucun homme. Il n'eft content de perfonne, & fuivant ce que Mr. Jonathan vient de me dire, il vous a traitée bien durement. Si je
ne connoiffois pas Mad. Jervis pour une
très-bonne perfonne, je croirois qu'elle vous
auroit rendu quelque mauvais fervice.

Non, Monfieur, lui dis-je n'ayez point
de pareils foupçons, Mad. Jervis eft une
femme jufte : & après mon Pere & ma Mere,
c'eft la meilleure amie que j'aie au monde. Eh
bien, dit-il, il faut que ce foit quelque chofe
de pis. Me permettrez-vous de conjecturer ?
Vous êtes trop jolie, ma charmante demoifelle , & peut-être auffi trop vertueufe. Ah !
n'ai-je pas deviné ? Non , mon cher Monfieur Longman, lui dis-je, ne penfez aucun mal de mon maître. Il eft vrai qu'il eft

de mauvaife humeur, & fâché contre moi ; mais je puis lui en avoir donné fujet ; & parce que je fuis obligée de m'en aller chez mon Pere & ma Mere, plutôt que de demeurer ici, il me croit peut-être ingrate. Mais vous favez, Monfieur, que ce qu'une fille bien née doit avoir le plus à cœur, c'eft d'être la confolation de fes parens. Fille incomparable, s'écria-t-il, que vous foutenez bien votre caractere ! mais je connois un peu le monde & les hommes, il faut que je voie, que j'entende tout, & que je ne dife mot. Que la bénédiction du Ciel foit avec vous, quelque part que vous alliez, mon aimable enfant ! Je me retiraien lui faifant la révérence, & le remerciant de fes fouhaits.

Qu'il eft agréable, mes chers Pere & Mere, d'avoir ainfi gagné l'amitié de tout le monde ! Ne vaut-il pas mieux s'être acquis, par l'amour de la vertu & de la réputation, l'approbation de tous les hommes à l'exception *d'un feul*, que de plaire à *ce feul là*, en fe faifant des ennemis de tous les autres, & fe rendant abominable par - deffus le marché? Je fuis, *&c.*

LETTRE XXIII.

Mes très-chers Pere & Mere,

NOus avons eu aujourd'hui plufieurs Meffieurs & Dames du voifinage qui ont dîné chez nous, & mon maître les a parfaitement bien régalés. Ifaac, Mr. Jonathan & Benjamin fervoient à table. Ifaac vient de dire à Mad. Jervis que les Dames iront tout à l'heure vifiter la maifon, & qu'elles ont la curiofité de me voir : car je comprends que durant le repas elles ont un peu raillé mon maître ; eh bien, Mr. B..... ont-elles dit, nous apprenons que vous avez chez vous une fille qui eft la plus grande beauté de tout le pays : nous nous promettons bien de la voir avant que de nous en aller. La fille eft affez paffable, a-t-il répondu, mais je vous affure que ce n'eft pas une fi grande beauté que vous vous l'imaginez : elle étoit fille de chambre de ma mere, qui en mourant m'a prié d'avoir quelque bonté pour elle. Elle eft jeune, & tout ce qui eft jeune eft joli.

Ouï, ouï, dit une de ces Dames, mais quand même votre mere ne vous l'auroit pas recommandée fi fortement, la beauté a quelque chofe de fi engageant, que je fuis perfuadée que, galant comme vous êtes, vous n'aviez pas befoin de fortes recommandations pour lui témoigner de la bonté. Elles fe mirent toutes à rire fur le compte de mon maître & à le draper, & il rit de compagnie; mais il dit, Je ne fai d'où cela vient, mais je ne vois pas avec les mêmes yeux que les autres: j'ai ouï beaucoup exalter fa beauté, & bien plus qu'elle ne mérite, felon moi. Elle eft paffable, comme je l'ai dit; mais il me femble que fon plus grand mérite, c'eft qu'elle eft humble, civile & fidele, ce qui fait que tous les autres domeftiques l'aiment; ma ménagere en particulier eft folle d'elle, & vous favez que cette femme ne manque pas de difcernement; pour Mr. Longman & Mr. Jonathan que voilà, j'ai ouï dire, que s'ils fe croyoient affez jeunes ils fe battroient en duel pour l'amour d'elle. N'eft-il pas vrai, Jonathan? En vérité, Monfieur, répondit-il, je n'ai jamais connu perfonne qui lui fût comparable, & tous vos domeftiques font du même fentiment. Entendez-vous, mes dames, dit mon maître! Eh bien repliquerent-elles, nous ferons tantôt une vifite à Mad. Jervis, & nous efperons de voir alors ce Phénix.

Je crois qu'elles viennent, je vous en di-

rai davantage tout à l'heure , je voudrois
qu'elles fuſſent déja venues , & parties auſſi.
Pourquoi ne peuvent-elles pas railler ſans
que ce ſoit ſur mon compte ?

Eh bien ! ces belles Dames ont été ici,
& s'en ſont retournées. J'aurois voulu pouvoir me diſpenſer de les voir ; je m'étois
retirée dans le cabinet , de ſorte qu'elles ne
me virent pas en entrant.

Elles étoient quatre Mylédy Arthur
qui demeure dans la grande maiſon blan-
che ſur la colline ; Mylédy Brooks , Mylédy Towers ; & la quatrieme , étoit, je penſe , une Comteſſe , d'un nom ſi difficile que
je l'ai oublié.

Comme vous avez paru prendre quelque
plaiſir à lire les petites deſcriptions que je
vous faiſois autrefois, lorſque je n'avois pas
encore douze ans, je me flatte que je ne
vous ennuierai point , en vous traçant ici le
portrait & le caractere de ces quatre Dames.

Vous ſaurez donc que Mylédy Arthur
(car elle eſt de la premiere qualité, quoiqu'elle ait épouſé un ſimple * Gentilhom-

---

* Il y a dans l'Anglois a'*Squire*. On appelle *Squi-
res* , ou *Eſquires* , *Ecuyers* , tous ceux qui quoique
de bonnes familles ſont au-deſſous des Pairs du
Royaume, & n'ont point ſéance dans la Chambre des Seigneurs. Ils compoſent ce qu'on peut
appeller la *petite Nobleſſe.*

me)

me) eſt une perſonne aſſez bien faite qui a de la diſpoſition à devenir graſſe , mais qui avec cela eſt aiſée dans ſa taille. Elle a les traits du viſage aſſez beaux , mais ſelon moi, elle a l'air un peu trop maſculin. Dès qu'on l'aperçoît on connoît qu'elle eſt de qualité , & ſes manieres font voir qu'elle s'attend à être traitée ſur ce pié là. Dans tout ce qu'elle dit ou qu'elle fait , elle a une certaine liberté & quelque choſe de ſi dégagé , qu'on voit bien qu'elle ne penſe pas ſeulement qu'il puiſſe y avoir rien à reprendre dans toute ſa conduite. On dit que dans ſon domeſtique elle eſt ſujette à s'emporter , & cela ſouvent pour des ſujets aſſez légers ; & que de tems en tems elle fait reſſouvenir ſon mari qu'il n'eſt pas d'une naiſſance égale à la ſienne. Il eſt vrai pourtant qu'il eſt bon Gentilhomme & d'une ancienne famille ; au lieu que les ancêtres de Mylédy n'ont été anoblis que depuis deux regnes. En général , elle eſt , dit-on , aſſez bonne perſonne lorſque ſa colere eſt paſſée ; & quelquefois elle ne dédaigne pas de s'abaiſſer juſqu'à ſe rendre familiere avec ſes inférieurs. Mad. Jervis dit que Mylédy Davers eſt beaucoup plus colere que Mylédy Arthur , mais qu'elle a d'ailleurs de meilleures qualités , & eſt plus généreuſe. Pour Mr. Arthur il a la réputation d'un digne

gentilhomme , felon l'idée qu'on s'en forme
dans le fiecle où nous fommes ; car il eft
grand buveur, comme font tous les gentilshommes du voifinage , excepté mon maître , qui n'eft pas coupable de ce vice. Plût
à Dieu qu'il n'en eût point d'autre ; je le
fouhaiterois pour l'amour de lui-même , auffi
bien que pour l'amour de moi : mais ceci
foit dit en paffant.

Mad. Brooks eft de bonne famille, mais
non pas de qualité , quoiqu'elle ait autant de
vanité que fi elle en étoit, fi je dois en juger
par fon air méprifant. Car comme elle eft grande & maigre , & d'un certain regard rebutant, elle vous regarde du haut en bas , avec
je ne fai quel dédain. On dit pourtant qu'elle
eft affez bonne dans fon Domeftique ; elle
n'eft pas grande parleufe , & affecte de vouloir paffer pour une femme d'un grand jugement. Son mari paffe pour un homme de probité ; mais il fe donne les airs de railler & de
badiner fur les fujets les plus férieux : le mariage fur-tout eft l'objet continuel de fes fa-
tyres , lorfqu'il n'eft pas en préfence de fa
femme ; & c'eft ce qui fait que certaines gens
difent qu'il a de l'efprit. Ce qui me rappelle
un mot de feu ma bonne maîtreffe ; Tout
homme , difoit-elle , paffera aifément pour
un bel efprit , qui ofera dire des chofes , que
d'autres auroient horreur de penfer.

La Comtesse est noble , non-seulement
par son mariage , mais aussi par sa naissance...
Mais ne vous étonnez-vous pas de me voir
tant écrire sur la Naissance & la Noblesse ,
moi, qui quand même je pourrois me vanter
de ma qualité , ne m'en estimerois pas davantage , au moins si je me connois bien moi-
même : bien loin de là , je penserois au contraire, avec un Poëte que j'ai ouï citer , que
la vertu est la seule Noblesse. Mais il est vrai
que nous autres gens de petite condition ,
lorsque nous entrons dans des maisons de
qualité , nous nous laissons aisément empoi-
sonner par la vanité de nos supérieurs ; &
quoique nous ne puissions pas nous glorifier
de notre propre extraction , nous tirons quelquefois vanité de celle de nos maîtres. Pour
moi je ne saurois m'empêcher de rire tout
bas du ridicule que se donnent même des
gens de la premiere distinction , qui se glori-
fient du mérite de leurs ancêtres plutôt que
du leur propre. N'est-ce pas avouer tacite-
ment qu'ils sentent bien eux-mêmes qu'ils
n'ont d'autre mérite , que celui d'être des-
cendus d'aïeux illustres. Mais je ne prens
pas garde que je m'engage insensiblement
dans une longue digression. Reprenons le caractere de la Comtesse , & ne pensez pas qu'il
y ait trop de présomption à moi de parler ainsi
librement de mes supérieurs ; je sai bien à qui

j'écris. La Comtesse n'est pas belle, mais elle a un air si affable, qu'on ne sauroit s'empêcher d'avoir de l'amitié pour elle dès qu'on la voit. Il me semble qu'on lit dans ses yeux, qu'elle est assurée que tout le monde lui porte du respect, à cause qu'elle est Comtesse; au lieu que Mylédy Arthur se donne de certains airs comme si elle vouloit forcer les autres à la respecter, de peur que, parce qu'elle n'est la femme que d'un simple Gentilhomme, on ne vînt à oublier sa naissance. Mais d'ailleurs la Comtesse, malgré son regard affable, a dans l'air quelque chose de hardi, d'intrépide, je ne saurois bien exprimer ce que c'est; c'est quelque chose qui marque, qu'on ne sauroit la décontenancer aisément. Je ne sai d'où cela vient; mais il me semble que nos Dames ont renoncé à présent à ce qui fait une partie essentielle de la beauté: car non-seulement elles ne savent plus ce que c'est que rougir elles-mêmes; mais elles se moquent d'une jeune innocente qui rougit, comme si c'étoit là quelque chose de campagnard, & un manque de savoir vivre. Je les ai souvent ouï badiner, & dire *des mots à double-entente*, comme elles les appellent elles-mêmes, aussi librement que les hommes. Mais quelque réputation de bel esprit qu'elles puissent acquérir par là, je suis assurée qu'elles ne font pas beaucoup d'honneur à leur cœur: ne peut-on pas en effet leur appliquer avec juſtice cette Sentence : *De l'abondance du cœur la bouche parle?* L'époux de la Comteſſe eſt un homme de mauvaiſes mœurs , & un méchant mari , de forte qu'elle eſt malheureuſe avec lui : tout le monde le ſait ; car il eſt un *Seigneur* , & au-deſſus de tout ce qu'on peut dire ou penſer de lui. Et en vérité , mes chers Parens , je n'ai jamais ouï parler d'un couple auſſi heureux que vous. Mais la Providence accorde un bien aux uns , & un autre aux autres ; elle ne donne jamais tout à tous. Elle vous a donné à vous , mon cher Pere & ma chere Mere , le contentement d'eſprit ; ce qui vaut mieux que toutes les richeſſes du monde ſans ce contentement.

Mylédy Towers ſurpaſſe toutes les Dames du voiſinage par ſon eſprit & par la vivacité de ſes reparties : de forte que tout le monde recherche ſa converſation , les Meſſieurs auſſi bien que les Dames. Elle a quelque choſe de vif & de ſpirituel à dire à chacun , & ſur toute forte de ſujets : & quand elle ne diroit que des ſottiſes (& j'oſe aſſurer que je lui en ai ouï dire pluſieurs dans les viſites qu'elle faiſoit à ma maîtreſſe ,) on a ſi bonne opinion de ſon eſprit , qu'on eſt diſpoſé à rire & à applaudir , avant qu'elle ait ſeulement ouvert la bouche. D'ailleurs elle eſt de qualité , & c'eſt pourquoi on l'appelle *My-*

lédy ; quoique nous autres pauvres gens &
fimples que nous fommes, nous ayions coutume de donner ce nom à toutes ces grandes Dames qui vivent de leurs rentes. Mylédy Towers eſt bien faite, elle a la taille
dégagée ; on peut dire que chacun des traits
de ſon viſage , pris féparémeut, eſt beau ;
mais je ne fai d'où cela vient, ils ne forment
pas un bel aſſemblage , & ne paroiſſent pas
faits les uns pour les autres : ce qui me rappelle ce que j'ai lu touchant un grand Peintre
de l'Antiquité , qui s'appelloit Apelles ; on
dit qu'ayant à faire le portrait de Vénus,
Déeſſe de la beauté , il prit pour modeles la
bouche d'une Dame, le nez d'une autre, les
yeux d'une troiſieme , le front & les fourcils
d'une quatrieme. Tous ces traits étoient chacun en particulier très-beaux ſur les viſages
d'où ils avoient été empruntés ; mais tous
enſemble ils ne faiſoient qu'un portrait très-
médiocre.

On avoit parlé d'un mariage qui devoit
ſe faire entre Mylédy Towers, & Mouſieur
Martin qui demeure au bocage ; mais elle
l'a refuſé à cauſe de la vie diſſolue qu'il me-
ne : car quoiqu'elle ſoit fort libre dans ſes
diſcours, elle a pourtant de la piété , ou du
moins de l'amour pour la vertu.

Mais je m'aperçois que je me ſuis beaucoup étendue ſur le chapitre de ces Dames ;

il eſt tems d'en venir à la viſite qu'elles ont rendue à Mad. Jervis.

Elles entrerent dans ſa chambre avec grand bruit, riant de tout leur cœur de quelque choſe que Mylédy Towers avoit dit comme elles montoient l'eſcalier. Eh bien, Mad. Jervis, dit une de ces Dames, comment vous portez-vous ? Nous ſommes toutes venues pour nous informer de votre ſanté. Je vous ſuis fort obligée, Meſdames, répondit Mad. Jervis ; ne vous plaît-il pas de vous aſſeoir ? Mais, dit la Comteſſe, nous ne ſommes pas venues uniquement pour nous informer de la ſanté de Mad. Jervis, mais auſſi pour voir une curioſité. Ouï, dit Mylédy Arthur, je n'ai pas vu votre Pamela depuis deux ans, on dit qu'elle eſt devenue merveilleuſement belle depuis ce tems-là.

J'aurois fort ſouhaité alors de n'être point dans le cabinet ; car lorſque j'en ſortis, elles ne pouvoient pas ignorer que j'avois enten-du ce qu'elles venoient de dire : mais j'ai ſouvent éprouvé que les perſonnes timides ſont ennemies d'elles-mêmes ; car en s'effor-çant à ne point paroître déconcertées, elles ne font qu'augmenter de plus en plus leur confuſion.

Ouï, ſans doute, repliqua Mad. Jervis, Pamela eſt fort jolie ; elle n'eſt pas loin d'ici, elle n'eſt que dans ce cabinet. Entrez, je vous prie, Pamela , ajouta - t - elle en s'adreſſant à moi. Je ſortis du cabinet en rougiſſant juſques aux yeux , & ces Dames ſe mirent à ſe ſourire les unes aux autres. La Comteſſe me prit la main , & eut la bonté de dire, En vérité la renommée ne vous a point flattée, je vous en réponds. Ne ſoyez point honteuſe , mon enfant , ajoutat-elle , en me regardant fixement en face ; je voudrois avoir un viſage comme le vôtre, je n'aurois garde d'en avoir honte. Oh, que j'avois l'air ſot alors !

Ouï , ma bonne Pamela , dit Mylédy Arthur , je ſuis du ſentiment de la Comteſſe. Mais ne ſoyez pas ſi confuſe, quoiqu'après tout cela vous ſied très-bien. La bonne Dame défunte avoit le goût bon de choiſir une fille de Chambre comme vous ; elle étoit toujours ſur vos louanges , & n'auroit pas été peu fiere de vous avoir, ſi elle eût vécu juſqu'à préſent. C'étoit là ſans doute un grand compliment de la part d'une Dame comme Mylédy Arthur.

Ah ! Madame , dit Me Brooks , penſez-vous qu'un fils auſſi obéiſſant que l'a conſtamment été notre voiſin, qui a toujours aimé ce que ſa mere aimoit, ne ſoit pas bien glorieux d'avoir une pareille ſervante, malgré tout ce qu'il a dit à table ? En diſant cela elle me regardoit d'un air ſi malin , que je ne pouvois pas la ſouffrir.

Mylédy Towers dit avec son air dégagé,
Pour moi, Mademoiselle Pamela, je ne saurois dire que vous m'agréez autant qu'à
ces Dames : car si j'avois un mari, & que
vous fussiez ma servante, je n'aimerois pas
que vous & votre maître fussiez sous le même toit. Là-dessus toutes ces Dames firent
un grand éclat de rire. Je sai bien ce que
j'aurois répondu, si je l'avois osé; mais ce
sont des Dames de qualité, & les Dames de
qualité peuvent dire tout ce qu'il leur plaît.

La jolie image! fait-elle parler, Mad. Jervis, dit la Comtesse? Elle a des yeux parlans, je vous jure. Oh! la petite friponne,
ajouta-t-elle, en me donnant un petit coup
sur la joue; vous paroissez née pour perdre
les autres, ou pour vous perdre vous-même.

A Dieu ne plaise, Madame, répondis-je,
que ni l'une ni l'autre de ces choses arrive!
Permettez-moi de me retirer, ajoutai-je, car
la connoissance que j'ai du peu que je vaux
me rend indigne de demeurer en votre présence. Je me retirai, en faisant une de mes
meilleures révérences; & comme je m'en allois, Mylédy Towers s'écria, Voilà qui
est joliment dit, en vérité. Me. Brooks dit,
Admirez cette taille; je n'ai de ma vie vu un
pareil visage, ni une pareille taille. Il faut
qu'elle soit d'une meilleure famille que vous
ne dites. Elles continuerent ainsi leur babil

pendant une demi-heure, & toujours à ma louange : pour moi je fus charmée lorsque je fus assez loin pour ne les plus entendre.

Elles descendirent enfin, & firent à mon maître un rapport sur mon sujet, qu'il eut bien de la peine à soutenir. Mais comme ce qu'elles lui dirent n'étoit pas, je pense, fort à mon honneur, je ne dois pas en tirer vanité; & je crains que je ne m'en trouve plus mal. C'est là une nouvelle raison qui me fait souhaiter de sortir d'ici.

C'est aujourd'hui jeudi au soir, & j'espere de partir jeudi prochain, car j'ai fini ma tâche, & mon maître est cruellement chagrin; je suis fâchée de trouver que je prends sa mauvaise humeur si fort à cœur. S'il a jamais eu quelque tendresse pour moi, je pense qu'à présent il me hait cordialement.

N'est-ce pas une chose étrange que l'amour soit si voisin de la haine? Mais cet amour criminel n'est pas, sans doute, semblable à l'amour vertueux : celui-ci doit être aussi éloigné de la haine, que la lumiere est éloignée des ténebres. Combien sa haine ne setoit-elle pas augmentée, après que sa passion brutale auroit été satisfaite, s'il eût trouvé chez-moi l'indigne complaisance qu'il attendoit ! Si l'innocence ne sauroit nous procurer au moins un traitement honnête, que doit-on espérer du crime, lorsque les charmes de la

nouveauté font paffés , & que le cœur a re-
pris fon inconftance naturelle ? Nous lifons
dans l'Ecriture * qu'après qu'Ammon eut
abufé de Thamar , il la haït plus qu'il ne
l'avoit aimée auparavant , & la mit à la porte avec violence.

Que je fuis heureufe d'être mife dehors
avec cette douce Compagne, mon innocence! Puiffe-t-elle être toujours ma compagne!
Et auffi long-tems que je ne me fierai pas fur
mes propres forces , & que je ferai détermi-
née à fuir le tentateur , j'efpere que la grace
de Dieu me foutiendra.

Je vous demande pardon de ce que je ré-
pete dans ma lettre une partie de la priere
que j'adreffe à Dieu à toute heure. Après la
bonté divine , c'eft à votre piété, & à vos
bons exemples que je dois tout , mes chers
Parens, mes chers *Pauvres* parens, voulois-
je dire ; car votre pauvreté fait ma gloire ,
comme votre vertu fera le fujet de mon
imitation.

Dès que j'aurai dîné , je mettrai mes habits neufs ; car je languis de les porter. Je fai
que je furprendaai Mad. Jervis, car elle ne
me verra point que je ne !fois tout-à-fait habillée. Jean eft de retour ; je vous enverrai
dans peu une partie de ce que j'ai écrit. J'a-
prends qu'il doit partir demain de grand ma-

* 2. Sam. xiij 15.

tin ; ainſi je finis ici en vous aſſurant que je ſuis

Votre très-obéiſſante Fille.

Ne perdez point le tems à venir à ma rencontre ; car je ne ſai pas encore comment je partirai. Il y aura bien du malheur , ſi je ne trouve pas quelque moyen de me rendre chez vous. Peut-être que mon maître ne refuſera pas à Jean de me mener ; je pourrai aller aſſez-bien en croupe derriere lui ; car il eſt fort ſoigneux & très-honnête homme. Vous connoiſſez Jean auſſi-bien que moi ; & il vous aime beaucoup tous deux. Peut-être auſſi que Mad. Jervis pourra m'indiquer quelque voie pour m'en aller.

LETTRE XXIV.

Mes très-chers Pere & Mere ,

JE vous écrirai auſſi long-tems que je demeurerai ici , quand je n'aurois que des bagatelles à vous dire ; car je ſai que vous prenez plaiſir à relire mes lettres durant les ſoirées', ſeulement parce qu'elles viennent de moi. Jean m'a dit combien vous ſouhaitez mon retour ; mais il a ajouté qu'il vous avoit dit qu'il eſpéroit qu'il arriveroit quelque choſe qui empêcheroit que je ne m'en aille.

Je fuis bien aife que vous ne lui ayiez pas dit la raifon pourquoi je m'en vais ; il vaut mieux qu'on la devine , que fi on la favoit par vous ou par moi : & d'ailleurs je fuis véritablement affligée de ce que mon pauvre maître a daigné penfer à une pauvre créature comme moi : car outre le déshonneur qui lui en revient , cela a changé entierement fon humeur ; je commence à croire qu'il m'aime malgré qu'il en ait ; il s'efforce de vaincre fon amour , & ne trouve pas d'autre moyen d'y réuffir , qu'en fe fâchant continuellement contre moi.

Ne me croyez pas préfomptueufe & remplie de bonne opinion de moi-même. Je reffens plus de chagrin que de vanité , en voyant qu'un Gentilhomme comme lui s'abaiffe fi fort, & perde pour l'amour de moi, l'eftime que tous fes domeftiques avoient pour lui. Mais j'ai à vous parler de mon nouvel ajuftement.

Après avoir dîné je fuis montée dans ma petite chambre, & je m'y fuis renfermée. Là je me fuis habillée du mieux que j'ai pu. J'ai mis mon bonnet rond , mais pourtant avec un ruban vert. J'ai mis ma robe & ma jupe de laine , & mes fouliers de cuir ; vous faurez cependant qu'ils font de maroquin ; j'ai pris auffi mes bas communs ; je les appelle communs en comparaifon de ceux que j'avois coutume de porter dans ces derniers tems; mais je crois que des bas de bonne grosse laine suffiront bien pour tous les jours lorsque je serai chez vous. Je me suis mise aussi un tour-de-gorge de simple mousseline, & un ruban noir autour du col au lieu du collier de France que ma maîtresse m'avoit donné: j'ai ôté mes boucles d'oreilles ; & après m'être habillée de pied-en-cap, j'ai pris mon chapeau de paille avec ses deux attaches de ruban bleu, & je me suis regardée dans le miroir, avec plus de vanité que vous ne pouvez penser : & pour dire la vérité, jamais je ne me suis trouvée si fort à mon gré.

Oh ! quel plaisir il y a à descendre d'un rang élevé avec aisance, avec résignation, & avec son innocence. Il n'y a, en vérité, rien au monde de plus agréable. J'éprouve par ma propre expérience qu'un cœur humble ne sauroit rencontrer des traverses fort affligeantes, de quelque maniere que tourne la roue de la fortune.

Je descendis pour chercher Mad. Jervis, afin de savoir comment elle me trouveroit; je rencontrai sur l'escalier notre servante Rachel; elle me fit une profonde révérence, je souris en m'apercevant qu'elle ne me reconnoissoit point. Je fus trouver la ménagere dans la sale-basse. Cette bonne Dame étoit à l'ouvrage, & faisoit une chemise. Le croi-

riez-vous ? Elle ne me reconnut pas d'abord ;
elle se leva de son siége , & ôtant ses lunet-
tes , *Souhaitez - vous quelque chose de moi ?*
dit - elle. Je ne pus m'empêcher de rire.
Quoi ! Mad. Jervis, m'écriai-je , ne me re-
connoissez-vous pas ? Elle fut toute étonnée ;
& me considérant depuis la tête jusqu'aux
pieds , Vous me surprenez, dit-elle ; quoi !
Pamela ainsi metamorphosée ! comment cela
s'est-il fait ? Mon maître entra alors par hazard ; comme j'avois le dos tourné de son
côté , il crut que c'étoit quelque étrangere
qui parloit à Mad. Jervis ; il sortit sur le
champ ; & n'entendit pas même que Mad.
Jervis lui demandoit s'il avoit quelque chose
à lui commander. Elle me tourna de tous côtés ; je lui montrai toutes mes nipes , jusques
à mon jupon. Je suis, dit-elle, dans une surprise dont je ne saurois revenir , il faut que
je m'asseye. Que signifie tout ce changement ?
Je lui dis que n'ayant point de hardes convenables à la condition où je serois réduite,
lorsque je serois retournée chez mes parens,
j'avois fait faire celles qu'elle voyoit ; & que
je croyois que devant m'en aller dans peu , il
valoit mieux commencer dès à présent à faire
voir à tous les autres domestiques , que je
savois comment me conformer à l'état auquel j'étois destinée.

Je ne connus jamais personne , dit-elle , qui

te reſſemblât, Pamela ; cependant ces triſtes préparatifs que tu fais pour ton départ, me cauſent une peine infinie ; car je vois bien maintenant que c'eſt tout de bon que tu veux t'en aller : Mais comment pourrai-je me ſéparer de toi, ma chere Pamela ? Là-deſſus mon maître l'ayant appellée, je ſortis, & elle fut le trouver. Il lui dit qu'il ſe propoſoit de faire un voyage dans le Comté de Lincoln; qu'il iroit peut-être auſſi chez ſa ſœur Mylédy Davers, & qu'il comptoit d'être abſent quelques ſemaines. Mais, ajouta-t-il, dites-moi je vous prie, qui eſt cette jeune fille ſi proprette qui étoit tout à l'heure avec vous. Elle ſourit, & lui demanda s'il ne la connoiſſoit point. Non, dit-il, je ne l'ai jamais vue auparavant, & je ſuis ſûr que ni le fermier Brady, ni le fermier Nicols n'ont point de fille qui ſe mette ſi bien ni ſi proprement. Je n'ai pourtant pas vu ſon viſage. Si vous voulez me le permettre, lui repliqua-t-elle, je la ferai venir devant vous ; car il me ſemble qu'elle ſurpaſſe même notre Pamela.

Je ne lui ſus pas trop bon gré de cet offre, comme je le lui dis dans la ſuite, car cela me cauſa beaucoup de chagrin, & m'attira bien des duretés de la part de mon maître, comme vous le verrez. Ce que vous dites-là eſt impoſſible, dit-il à Mad. Jervis ; ſi

pourtant

pourtant vous pouvez trouver quelque moyen de la faire entrer , faites-le.

Là-dessus elle vint me trouver , & me dit qu'il falloit absolument que j'entrasse dans la chambre où étoit mon maître : mais au nom de Dieu, ajouta-t-elle , ne vous découvrez point ; laissez-le deviner qui vous êtes ; car il ne vous a pas reconnue. Ah , fi ! Mad. Jervis , lui dis-je ; pourquoi m'avez-vous joué ce tour ? N'est-ce pas là prendre une liberté qui ne convient ni à lui ni à moi ? Je vous dis, que vous viendrez , repliqua-t-elle , & fur-toutes choses ne vous découvrez point. Je la fuivis donc comme une folle ; quoiqu'il ne m'eût pas vûe alors , il auroit bien fallu qu'il me vît quelque autre fois. Mad. Jervis voulut que je tinsse mon chapeau de paille à la main.

Dès que j'entrai je fis une profonde révérence , mais fans dire mot. Je fuis perfuadée qu'il me reconnut dès qu'il vit mon vifage. Mais il étoit rufé comme un Démon. Il s'approcha de moi , & en me prenant par la main, à qui appartenez-vous , ma jolie fille , dit-il ; j'ofe dire que vous êtes la fœur de Pamela , tant vous lui reffemblez. Vous êtes fi propre , fi bien mife , fi jolie , qu'en vérité , mon enfant , vous furpaffez même votre fœur Pamela.

J'étois dans la derniere confufion ; j'al-

lois parler, mais il m'embraſſa, en diſant,
En verité, vous êtes charmante, je n'oſerois
pas prendre cette liberté avec votre ſœur,
ſoyez-en perſuadée ; mais pour vous il faut
que je vous donne un baiſer.

Oh ! Monſieur, m'écriai-je, je ſuis Pamela, en vérité, je ſuis Pamela elle-même.
Cela eſt impoſſible, dit-il, en me baiſant
malgré que j'en euſſe ; vous êtes deux fois
plus aimable que Pamela ; & je puis bien
prendre quelques libertés innocentes avec
vous, quoique je ne vouluſſe pas lui faire la
même grace. C'étoit-là une terrible raillerie,
à laquelle je ne m'étois pas attendue ; &
Mad. Jervis, qui avoit été ſi officieuſe,
avoit l'air auſſi ſot que moi. A la fin je me
débarraſſai de lui, & je m'enfuis de la chambre, terriblement chagrine, comme vous
pouvez le penſer.

Il parla aſſez long-tems avec Mad. Jervis : à la fin il m'appella. Venez ici, dit-il,
petite infâme (c'eſt le nom qu'il me donna.
O Ciel, penſai-je en moi-même, quel vilain
nom eſt-ce-là), vous oſez me jouer de pareils tours ? continua-t-il. J'avois réſolu de
ne prendre plus aucune connoiſſance d'une
miſérable comme vous ; & vous vous dégui-
ſez pour attirer mes regards, & puis vous
prétendez encore, hypocrite que vous êtes..

A ces mots je perdis patience : Arrêtez-vous

Monſieur, lui dis-je, & ſur toutes choſes ne m'imputez ni déguiſement, ni hypocriſie : car j'abhorre ces deux vices, toute pauvre & de baſſe naiſſance que je ſuis. Je ne me ſuis point déguiſée. Eh que D...re, s'écria-t-il, car c'étoit là ſon jurement ordinaire; que prétendez-vous donc par ce nouvel habillement? Ce que je prétends, Monſieur, dis-je; en vérité la choſe du monde la plus raiſonnable & la plus honnête. J'ai été réellement déguiſée depuis que ma bonne maîtreſſe votre Mere m'a tirée de chez mes parens. J'étois ſi pauvre lorſqu'elle me prit à ſon ſervice, que les habits que j'ai actuellement ſur moi ſont des habits de Princeſſe, en comparaiſon de ceux que j'avois alors. Elle eut la bonté de me donner quantité de belles hardes; mais quiſque je dois bien-tôt retourner chez mes pauvres parens, je ne ſaurois porter ces riches habits ſans me faire moquer de moi; c'eſt pourquoi j'en ai acheté de plus convenables à ma condition, & qui pourront auſſi ſervir à me faire brave les jours de fête, lorſque je ferai chez mon Pere.

Là-deſſus mon maître me prit entre ſes bras, & me repouſſa dans le même moment. Mad. Jervis, dit-il, emmenez loin de moi cette petite ſorciere. Je ne puis ni ſoutenir ni fuir ſa préſence (que ces paroles ſont étranges.) Mais non, reſtez, ajouta-t-il, je ne veux point que vous vous retiriez. . . . Ouï, allez vous-en. . , Non, revenez....Je croyois pour moi qu'il étoit devenu fou, car il ne savoit ce qu'il vouloit. Je voulus m'en aller, mais il me suivit, & en me prenant par le bras il me fit rentrer dans la chambre. Il me serroit si fort que mon bras en est tout meurtri, les marques y sont encore. Comme il me faisoit mal je m'écriai, Je vous prie, Monsieur, ayez pitié de moi ; je rentrerai, je rentrerai, je vous en assure.

Il s'assit & fixa sa vûe sur moi. Lorsque je réfléchis sur l'air qu'il avoit alors, il me semble qu'il paroissoit aussi sot & aussi confus que le pouvoit être une pauvre fille comme moi. A la fin il adressa ces paroles à Mad. Jervis : Je vous disois donc que vous pouvez lui permettre de demeurer encore un peu de tems ici , jusques à ce que je sache si ma sœur Davers la veut prendre ; mais il faut qu'elle s'humilie, qu'elle demande en grace de rester, & qu'elle se repente de son impertinence, & des libertés qu'elle s'est données de dire du mal de moi tant au dedans qu'au dehors de la maison. Il est vrai, répondit Mad. Jervis, que vous m'avez déja fait cette plainte plus d'une fois ; mais je n'ai jamais trouvé que Pamela se crût coupable. Voilà, s'écria-t-il, ce qui prouve évidemment son orgueil & son obstination ; &

cependant ce font-là vos amours, Mad. Jervis. Eh bien, ajouta-t-il en s'adreffant à moi, je veux bien m'abaiffer encore une fois jufqu'à vous dire, que vous pouvez refler ici encore une quinzaine de jours, jufques à ce que j'aie vû ma fœur Davers. Entend-elle ce que je dis, cette ftatue : ne fauriez-vous répondre, & témoigner de la reconnoiffance ? Vous m'effrayez fi fort, lui dis-je, que je ne puis prefque pas parler. Je prendrai pourtant la liberté de vous dire que je n'ai qu'une grace à vous demander ; c'eft que vous ayiez la bonté de me laiffer aller chez mon Pere & ma Mere. Quoi donc, folle, dit-il, n'aimez-vous pas mieux aller fervir Mylédy Davers ? Monfieur, répondis-je, j'ai fouhaité une fois d'avoir cet honneur ; mais vous eûtes la bonté de me dire, que je pourrois courir quelque danger de la part du neveu de cette Dame, ou que je pourrois le féduire. Impertinente, s'écria-t-il, en faifant un ferment : entendez-vous, Mad. Jervis, entendez-vous le reproche qu'elle me fait ? Vit-on jamais une pareille effronterie ?

Fi, Pamela, fi, dit Mad. Jervis. Sur quoi je me mis à pleurer, & je dis ; En vérité mon fort eft bien cruel. Je ne voudrois pour rien au monde faire tort à perfonne ; & cependant il faut que j'aie été coupable d'indifcrétions, qui me font perdre ma condition,

qui m'ont attiré la difgrace de mon maître,
& font caufe qu'on me met dehors : & lorfque le tems eft venu auquel je devrois retourner chez mes pauvres parens , on ne veut
pas me laiffer aller tranquillement. Ah ! mon
cher Monfieur , qu'ai-je donc fait pour être
traitée auffi cruellement que fi je vous avois
volé. Comme fi vous m'aviez volé , s'écria-
t-il ; ouï, vous m'avez volé, méchante que
vous êtes. Qui , moi, je vous ai volé , lui
dis-je. Vous êtes un Juge de Paix ; envoyez-
moi en prifon , faites-moi faire mon procès ;
& fi vous pouvez prouver que je vous ai volé, il eft jufte que je meure.

Vous faurez que je ne comprenois pas fa
penfée ; mais je n'en fus gueres contente lorfqu'on me l'eut expliquée. Que deviendra tout
ceci , difois-je en moi-même , s'il faut que la
pauvre Pamela paffe pour une voleufe ! Puis,
je difois, Comment pourrai-je paroître devant mes chers & vertueux parens, fi je fuis
feulement foupçonnée !

Mais , Monfieur , lui dis-je , permettez-
moi de vous faire une queftion ; & que cela
ne vous engage pas à me dire des duretés ;
je n'ai point deffein de vous manquer de refpeét. Si j'ai commis quelque faute, pourquoi
votre ménagere ne me renvoie-t-elle pas,
comme elle a fait d'autres fervantes ? Si
Jeanne, ou Rachel, ou Anne avoient man-

qué à leur devoir, daigneriez-vous en prendre connoiſſance ? Pourquoi faut-il que
vous vous abaiſſiez juſques à prendre connoiſſance de moi ? Si je n'ai pas fait plus de
mal que les autres , pourquoi faut-il que je
ſois traitée plus cruellement ? Pourquoi ne
me renvoie-t-on pas tout d'un coup , & voilà qui ſeroit fini ? Car en vérité je ne ſuis pas
d'une aſſez grande conſéquence pour que
mon maître ſe mette en peine de moi , & qu'il
ſe fâche au ſujet d'une vile créature comme
moi.

Entendez-vous , Mad. Jervis , s'écria-t-il
encore , entendez-vous avec quelle hardieſſe
cette impertinente oſe m'interroger ? Quoi !
inſolente , ajouta-t-il en s'adreſſant à moi ,
ma Mere ne m'a-t-elle pas prié d'avoir ſoin
de vous ? Ne vous ai-je pas toujours diſtin-
guée de tous les autres domeſtiques ? Et
avez-vous maintenant l'ingratitude de me
reprocher mes bienfaits ?

Là-deſſus je murmurai quelque choſe entre les dents ; & il voulut abſolument ſavoir
ce que j'avois dit : j'eus beau m'en défendre , il fallut lui obéir, Eh bien donc , Monſieur , lui dis-je , puiſque vous voulez le ſavoir , je diſois que ma bonne maîtreſſe ne
vous a pas prié d'étendre vos ſoins juſques
au cabinet du jardin , & juſques à la chambre où elle avoit coutume de s'habiller.

Cela étoit un peu infolent, direz-vous; auffi fe mit-il dans une fi furieufe colere, que je fus obligée de m'enfuir : & Mad. Jervis m'a dit que j'étois bienheureufe de m'être mife hors de fon chemin.

Dans ce même moment M. Jonathan vient de m'envoyer un billet; Jufte-Ciel! que ferai-je!

« Ma chere Demoifelle Pamela, prenez
» garde à vous; car Rachel a entendu mon
» maître qui difoit à Mad. Jervis, qui, à ce
» qu'elle croit, plaidoit en votre faveur,
» *N'en parlez plus, Mad. Jervis; car par,*
» *D.... je veux l'avoir de gré ou de for-*
» *ce.* Brûlez ce billet dès que vous l'aurez
» lû. »

Oh! priez Dieu pour votre pauvre fille. Mad. Jervis m'appelle pour m'aller coucher, car il eft onze heures paffées. Je vous promets que je lui dirai ce que je viens d'apprendre; puifque c'eft elle qui en eft la caufe, quoiqu'innocente, car je fuis perfuadée qu'elle n'avoit aucun mauvais deffein. J'ai été & je fuis encore dans un trouble extrême; & je m'imagine qu'elle me dira que j'ai été trop hardie.

O mes chers Pere & Mere, le pouvoir & les richeffes n'ont pas befoin de protecteur: mais pour elle, la pauvre Dame, elle ne fauroit vivre fans le fecours de mon maître; &

il eſt vrai qu'il lui a fait beaucoup de bien.

Je vous ſouhaite le bon ſoir : peut-être que je vous enverrai ceci demain matin ; peut-être auſſi que non : ainſi ſans autre concluſion je finis en diſant que je ſuis avec les plus terribles appréhenſions,

Votre très-obéiſſante Fille.

LETTRE XXV.

Mes très-chers Parens,

OH ! permettez-moi de répandre mes plaintes dans votre ſein. Jamais pauvre créature n'a été ſi malheureuſe, ni traitée d'une maniere ſi barbare que votre pauvre Pamela. Oh ! mes chers Pere & Mere, mon cœur eſt prêt à ſe fendre. Je ne puis ni écrire comme je devrois, ni m'empêcher d'écrire. Car à qui puis-je ouvrir mon cœur ſi ce n'eſt à vous ? Mais l'affliction où je ſuis me fait preſque perdre l'eſprit ; Oh ! le méchant, le méchant maître que j'ai ! je ne puis plus le ſouffrir. Cependant ne vous effrayez pas. Je me flatte . . . ouï je me flatte . . . que j'ai conſervé ma vertu. Et ſi la douleur me le permet je vous dirai tout. N'y a-t-il pas quelque Commiſſaire de quartier ou quelque Officier de la

Juſtice qui puiſſe me tirer de cette maiſon; car je puis en conſcience *jurer la paix con-tre lui* *. Mais hélas! il eſt plus grand qu'au-cun Commiſſaire. Il eſt lui-même *Juge de Paix*. Et quel Juge? D'un pareil Juge, *De-livre-nous*, *O bon Dieu* †. Mais j'eſpere que le Dieu tout puiſſant me rendra juſtice un jour; car il connoît l'innocence de mon cœur.

Jean eſt parti ce matin; mais j'étois trop troublée, pour ſonger à vous envoyer rien par lui; & je n'ai vû perſonne depuis, ſi ce n'eſt Mad. Jervis, Rachel, & un hom-me que je n'aime pas à voir: & en vérité je n'aime plus à voir perſonne. J'ai d'étran-ges choſes à vous raconter, qui ſont arri-vées depuis hier au ſoir que la lettre de Mr. Jonathan, & les duretés de mon maî-

* Nous avons été obligés de conſerver cette ex-preſſion Angloiſe, parce que nous n'en connoiſ-ſons point dans notre Langue qui y réponde. Un homme *jure la paix* contre un autre, lorſqu'il va déclarer ſous ſerment devant un Magiſtrat, que cet autre a commis des attentats contre lui, qui ſont cauſe qu'il ne peut plus vivre en paix avec lui, & qu'il a toujours lieu d'appréhender de nouvelles inſultes: ſur quoi le Magiſtrat a le pouvoir d'o-bliger l'agreſſeur à donner caution de ſa bonne con-duite pour l'avenir.

† Paroles de la Litanie.

tre me cauferent un fi grand trouble. Mais finiffons ce préambule.

Je m'en fus dans la chambre de Mad. Jervis, &, ô mon cher Pere & ma chere Mere, mon méchant maître, l'infâme Gentilhomme qu'il eft, s'étoit caché dans le cabinet où Mad. Jervis tient quelques livres, une armoire, & d'autres chofes femblables. Je n'en avois pas le moindre foupçon ; quoique jufques à ce foir fatal, j'euffe toujours eu coutume de regarder dans le cabinet, dans la chambre voifine & fous le lit, avant que de me coucher, depuis l'aventure du cabinet du jardin. Mais n'ayant jamais rien trouvé, je ne fongeai pas à prendre cette précaution ce foir-là, étant uniquement occupée de ma douleur, & du chagrin que j'avois contre Mad. Jervis ; car j'étois réfolue d'être férieufement fâchée contre elle.

Je m'affis fur le bord du lit d'un côté, & elle de l'autre, & nous commençâmes à nous déshabiller. Elle étoit du côté de ce cabinet qui renfermoit le plus méchant cœur du monde. Eh bien, Pamela, me dit Mad. Jervis, vous ne voulez donc point me parler. Vous êtes fâchée contre moi, à ce que je vois. En vérité, Mad. Jervis, répondis-je, je la fuis un peu ; il y auroit de la folie à le nier. Vous voyez ce que j'ai fouffert pour avoir paru devant mon maî-

tre à votre follicitation. Une femme de votre âge & de votre expérience auroit dû
favoir, qu'il ne me convenoit pas, ni par
rapport à moi-même, ni par rapport à mon
maître, de vouloir paffer pour une autre.

Mais, dit-elle, qui eût jamais cru que
la chofe auroit tourné comme elle a fait.
Ouï, ouï, répondis-je fans favoir qui m'é-
coutoit ; Lucifer eft toujours prêt à exécuter fes mauvais deffeins. Vous avez vû
quel ufage il a fait d'abord de mon déguife-
ment, faifant femblant de ne me pas reconnoître, afin de prendre des libertés avec
moi. Et dès le moment qu'il a avoué qu'il
me reconnoiffoit, il s'eft mis à me querel-
ler, & à me traiter durement. Et vous
auffi Mad. Jervis, vous m'avez percé le
cœur, en vous écriant, *fi*, *Pamela* : Car
cela n'a fait que l'encourager.

Penfez-vous, ma chere, me dit-elle, que
je vouluffe l'encourager. Je ne vous l'ai
jamais dit auparavant : mais puifque vous
m'y forcez maintenant, il faut que je vous
dife, que depuis que vous m'avez conful-
tée, j'ai toujours fait mes efforts pour le
détourner de fes mauvais deffeins : il m'a
fait de belles promeffes, mais vous faurez
qu'il vous aime paffionnément, & je commence à m'appercevoir qu'il ne fauroit vaincre fon amour.

Heureufement je ne dis rien du billet de Mr. Jonathan ; car je commençois à foupçonner tout le monde : mais pour éprouver Mad. Jervis, je lui dis, Eh bien, que me conféillez-vous de faire ? Vous voyez qu'il voudroit à préfent que je fuffe chez Mylédy Davers.

Je vous parlerai franchement, ma chere Pamela, répondit-elle, je compte fur votre difcrétion, & je fuis perfuadée que vous ne révélerez point ce que je vais vous dire. Mon maître m'a fouvent prié de vous engager à lui demander la permiffion de refter chez lui.

Permettez-moi de vous interrompre, Mad. Jervis, lui dis-je. Je vous apprendrai pourquoi je n'ai pû m'y réfoudre : ce n'eft point l'orgueil, mais l'amour de la vertu qui m'en a empêché. Car quelles en auroient été les conféquences ! Mon maître s'eft déja émancipé deux fois : vous dites qu'il ne fauroit s'empêcher de prendre des libertés avec moi, quoi qu'enfuite il faffe femblant d'en être fâché. Il m'a donné congé, & il me traite fort durement, dans le deffein peut-être de m'amener à fon but par la crainte de perdre une fi bonne condition ; car il s'imagine fans doute que je ferois charmée de refter ; & je le ferois en effet, fi je pouvois refter fans danger ; car je vous aime, Mad. Jervis, j'aime tous les autres domestiques ; & je l'estimerois lui, s'il vouloit en agir comme il convient à un maître. Connoissant donc ses desseins, & sachant qu'il avoue lui-même qu'il ne peut pas se vaincre, devois-je demander à rester chez lui, pendant que j'étois persuadée qu'il feroit encore de nouvelles entreprises ? Car tout ce dont vous avez pu m'assurer, c'est qu'il n'employe-roit point la violence. De sorte qu'une pauvre & foible fille comme moi devoit être abandonnée à ses propres forces. N'auroit-ce pas été en quelque sorte l'autoriser à me tenter, & l'encourager à poursuivre ses criminels artifices ? Comment donc, Mad. Jervis, pouvois-je demander à rester, ou le souhaiter seulement ?

Vous parlez très-bien, ma chere enfant, dit-elle, & il y a dans toutes vos réflexions une justesse qui est fort au-dessus de votre âge. Toutes ces considérations, & ce que j'ai entendu aujourd'hui, après que vous avez eu pris la fuite (& je suis bien aise que vous l'ayiez fait) tout cela, dis-je, est cause, que je ne saurois vous prier de rester ; &, ce que je n'aurois jamais cru pouvoir dire, je serois charmée que vous fussiez actuellement en sûreté chez vos parens : car si Mylédy Davers veut vous prendre

chez elle, vous pourrez vous y rendre de
là, auffi bien que d'ici. Ah ! ma chere Mad.
Jervis, m'écriai-je, Dieu vous benira à caufe de ce bon confeil que vous voulez bien
donner à une pauvre fille, qui fe voit vivement affiégée. Mais, que dit-il, je vous
prie, lorfque je me fus retirée. En vérité,
répondit-elle, il étoit terriblement en colere contre vous. Mais, dis-je, il voulut ab-
folument favoir ce que j'avois dit ; j'avoue
que cela étoit un peu hardi, mais auffi il
m'y avoit pouffée lui-même ; & s'il ne s'é-
toit pas agi de ma vertu, je n'aurois pas,
pour tout au monde, voulu être fi hardie.
Et d'ailleurs Mad. Jervis, confidérez que
je ne difois que la vérité. S'il n'aime pas
à entendre parler du cabinet du jardin, ni
de l'autre chambre, pourquoi n'auroit-il
pas honte de perfifter toujours dans fes mauvais deffeins ? Mais, dit-elle, après que
vous eûtes murmuré quelque chofe tout bas,
ne pouviez-vous pas lui dire toute autre
chofe ? Je ne faurois, repris-je, me réfoudre à dire un menfonge de propos délibé-
ré ; ainfi ne parlons plus de cela. Mais je
vois que vous l'abandonnez maintenant,
& que vous croyez qu'il y a du danger pour
moi à refter. Ah ! que je voudrois être hors
de cette maifon, fuffé-je au fond d'un foffé
plein d'eau, ou dans la campagne la plus dé-
ferte.   L iiij

Il eſt inutile, dit-elle, de vous rapporter tout ce qu'il a dit; il y en a eu aſſez pour me faire craindre que vous ne ſoyez pas tout à fait en ſûreté ici. Et en vérité, Pamela, ajouta-t-elle, je ne m'étonne pas qu'il vous aime tant; car ſans flatterie vous êtes une charmante fille, & vous ne me parûtes jamais ſi aimable que dans ces nouveaux ajuſtemens: d'ailleurs vous nous ſurprîtes tous extremement. Je crois que vous devez une grande partie du danger où vous êtes à l'air aimable avec lequel vous parûtes alors. Si cela eſt, dis-je, je voudrois que tous ces nouveaux ajuſtemens fuſſent dans le feu. Je n'en attendois point un pareil effet, mais plutôt un effet tout contraire.

Mais chut, Mad. Jervis, n'avez-vous pas entendu remuer quelque choſe dans le cabinet? Non, folle, me dit-elle, vos frayeurs vous rendent toujours alerte. En vérité, dis-je, je crois avoir entendu quelque choſe. Peut-être, répondit-elle, que le chat eſt là dedans; mais je n'entends plus rien.

Je me tins tranquille; & Mad. Jervis me dit, Hâte-toi, je te prie, ma bonne enfant, de te coucher, & voi ſi la porte eſt bien fermée. J'y fus voir, & j'avois bonne envie auſſi de regarder dans le cabinet; mais n'entendant plus de bruit, je crus que cela étoit inutile; ainſi je fus me raſſeoir ſur le bord du lit, &

continuer à me déshabiller. Mad. Jervis étant
alors tout à fait déshabillée, se coucha, me
priant de faire vîte, parce qu'elle s'endor-
moit.

Je ne sai ce que j'avois, mais mon cœur
étoit rempli de crainte & d'inquiétude : cela
pouvoit être causé par le billet de Mr. Jonathan, & par ce que Mad. Jervis m'avoit dit.
J'ôtai mon corps-de-jupe, mes bas, & ne
gardai que mon jupon : & entendant une seconde fois quelque bruit dans le cabinet, Le Ciel
nous protége ! m'écriai-je ; mais avant que de
faire ma priere il faut que je regarde dans
ce cabinet. J'y allois, ayant mis mes souliers
en pantoufle, lorsque, ô chose affreuse, mon
maître sortit du cabinet ayant sa belle robe
de chambre d'un tissu de soie & d'argent. Je
fis un cri terrible, & courus dans la ruelle du
lit. Mad. Jervis poussa aussi un grand cri :
mais mon maître dit, Je ne vous ferai aucun
mal, si vous voulez ne point faire de bruit, autrement vous verrez ce qui en arrivera. Il vint
dans l'instant même auprès du lit, où je m'é-
tois jettée à côté de Mad. Jervis, avec mon
jupon & mes souliers : il me prit entre ses
bras, & dit à Mad. Jervis, Montez un moment là haut pour empêcher les servantes de
descendre au bruit que vous venez de faire :
je vous promets de ne faire aucun mal à cette petite rebelle. Au nom de Dieu, Mad.

Jervis, m'écriai-je, fi je ne fuis pas trahie, ne me quittez pas ; & éveillez toute la maifon, je vous en conjure. Non, mon cher agneau, dit-elle, je ne bougerai point, & ne vous abandonnerai point. Je fuis furprife de votre conduite, Monfieur, dit-elle à mon maître, en fe mettant fur mon jupon, & m'embraffant par le milieu du corps ; vous ne ferez aucun mal à cette pauvre innocente, ajouta-t-elle, car je facrifierai ma vie pour la défendre. Ne pouvez-vous pas trouver affez de méchantes créatures dans le monde, fans que vous tâchiez de perdre une fille auffi vertueufe que celle-ci?

Il étoit dans une furieufe colere, & la menaça de la jetter par la fenêtre, & de la chaffer le lendemain. Il n'eft pas néceffaire que vous me chaffiez, Monfieur, dit-elle, car je ne veux plus refter chez vous. Dieu veuille feulement défendre ma pauvre Pamela jufqu'à demain, & nous nous en irons enfemble. Permettez-moi feulement, Pamela, me dit-il, de vous faire quelques reproches : Non, Pamela, dit-elle, ne l'écoutez point, à moins qu'il ne quitte le lit, & n'aille à l'autre bout de la chambre. Qu'il forte même de la chambre, dis-je ; s'il a des reproches à me faire, qu'il les faffe demain.

Dès que la frayeur me permit de fonger à moi, je trouvai qu'il avoit fa main fur mon fein, je foupirai; je jettai un cri affreux, & je tombai en foibleffe. Il avoit cependant toujours fon bras autour de mon cou; & Mad. Jervis fe tenoit fur mes pieds & fur mon jupon. J'étois dans une fueur froide. *Pamela, Pamela*, dit Mad. Jervis, comme elle me l'a rapporté depuis; & voyant que je ne répondois rien, elle jetta un grand cri, Oh! dit-elle, ma pauvre Pamela eft certainement morte. Auffi l'étois-je pour quelque tems; car je ne favois rien de ce qui fe paffoit, tant les foibleffes qui me prenoient fe fuccédoient fréquemment. Au bout de trois heures je revins un peu à moi-même, & je me trouvai dans le lit; Mad. Jervis étoit d'un côté, enveloppée de fa robe de chambre, & Rachel de l'autre; mais mon maître n'étoit plus là, le fcelerat s'étoit retiré: je fus fi ravie de ne le plus voir, qu'à peine pouvois-je en croire mes propres yeux. Mad. Jervis, Rachel, dis-je, puis-je m'affurer que c'eft vous? Dites-moi, puis-je en être fûre? Ce furent mes premieres paroles. Où ai-je été? Tenez-vous tranquille, ma chere, dit Mad. Jervis, vous êtes tombée de foibleffe en foibleffe, je n'ai de ma vie vu perfonne dans un état fi terrible.

Je compris par là que Rachel ne favoit rien de ce qui s'étoit paffé; & j'appris dans la fuite, qu'au fecond cri que Mad. Jervis avoit fait lorfqu'elle me vit évanouïe, mon méchant maître s'étoit retiré doucement, & que, faifant femblant de fortir de fa propre chambre, comme fi nos cris l'avoient éveillé, il étoit monté à la chambre des fervantes, qui entendant le bruit, étoient toutes tremblantes, & craignoient de defcendre. Il leur commanda d'aller voir ce qu'avoit Mad. Jervis & moi. En fortant de la chambre où j'étois, il avoit recommandé le fecret à Mad. Jervis, lui promettant de lui pardonner tout ce qu'elle avoit dit & fait, fi elle vouloit garder le filence fur ce qui s'étoit paffé. Les fervantes defcendirent donc toutes, (car les valets couchent dans les offices qui font féparés de la maifon) & lorfque ma foibleffe fut paffée, les fervantes remonterent fe coucher, excepté Rachel, qui demeura pour me veiller, & pour tenir compagnie à Mad. Jervis. Je m'imagine que les domeftiques foupçonnent quelque chofe ; quoiqu'ils n'ofent pas dire ce qu'ils penfent.

Lorfque je réfléchis fur le danger que j'ai couru, & fur les libertés qu'il a actuellement prifes, je fuis prête à me défefperer : quoique Mad. Jervis m'ait je crois préfervée du dernier affront : au moins elle m'en affure ; mais qu'en puis-je favoir moi qui étois en foibleffe, & qui ne fai rien de ce qui s'eft paffé ?

D'abord je craignois que Mad. Jervis ne

m'eût trahie : mais je fuis maintenant perfuadée qu'elle eft vertueufe : j'étois perdue fans
elle, & je vois qu'elle prend cette affaire extremement à cœur. Que ferois-je devenue,
fi elle fût fortie de la chambre, pour empêcher les fervantes de remuer, comme il le
lui commandoit ? Il lui auroit certainement
fermé la porte au nez à fon retour, & alors,
ô Ciel, quel auroit été le fort de votre pauvre Pamela !

Il faut que je me repofe un peu ; car les
yeux & la tête me font un mal extrême. C'é-
toit là une cruelle épreuve, la plus terrible
de toutes. Oh! que ne fuis-je hors de la puiffance de cet homme fi affreufement méchant !
Priez Dieu pour

Votre miférable PAMELA.

LETTRE XXVI.

Mes très-chers Pere & Mere,

JE ne me levai qu'à dix heures du matin :
tous les domeftiques ont témoigné combien ils étoient en peine fur mon fujet, & ont
fait mille vœux pour mon rétabliffement : ils
fe font tous informés de ma fanté avec un
empreffement très-obligeant. Mon méchant
maître eft allé de grand matin à la chaffe ;

mais il a dit qu'il feroit de retour pour déjeuner, ce qu'il n'a pas manqué de faire. Vers les onze heures il eſt venu dans notre chambre. Il n'eſt point obligé d'être fâché de ce qu'il a fait ; car il eſt notre maître : auſſi at-il paru d'abord avec des yeux remplis de colere. Je fus émue dès qu'il entra dans la chambre ; je me couvris le viſage de mon tablier, & me mis à pleurer, comme ſi mon cœur étoit prêt à ſe fendre.

Mad. Jervis, dit-il, puiſque nous nous connoiſſons ſi bien l'un l'autre, je ne ſai comment nous pourrons déſormais vivre enſemble. Monſieur, répondit-elle, je prendrai la liberté de vous dire ce que je crois qui nous convient à tous deux. Je ſuis ſi affligée de ce que vous avez entrepris de faire un ſanglant affront à cette pauvre fille, & cela dans ma propre chambre, que je me croirois complice de ce crime, ſi je ne vous en parlois pas. Je ne deſire point de demeurer chez vous, duſſé-je ruiner ma fortune par-là. Je vous prie donc de permettre que Pamela & moi nous nous en allions enſemble. De tout mon cœur, dit-il, & le plutôt ne ſera que le mieux. Là-deſſus elle ſe mit à pleurer. Je vois, reprit-il, que cette fille a gagné toute la maiſon en ſa faveur & contre moi. Son innocence le mérite, dit avec bonté Mad. Jervis, & je n'aurois jamais crû que le fils de

feue ma chere maîtreſſe ſe fût déshonoré juſqu'à vouloir ruiner une vertu qu'il auroit dû
protéger. Ne parlez plus de cela, Mad. Jervis, dit-il, je ne veux point en entendre parler. Pour Pamela, ajouta-t-il, elle a l'art de
tomber en foibleſſe quand il lui plaît. Vos
maudits hurlemens ont été cauſe que je ne
ſavois pas moi-même ce que je faiſois : je n'a-
vois pas deſſein de lui faire du mal, comme
je vous le dis à toutes deux, ſi vous aviez
voulu vous empêcher de crier : auſſi n'ai-je
fait aucun mal, ſi ce n'eſt à moi-même : car
peut-être ma réputation eſt-elle déja ternie
ou même ruinée par le bruit que vous avez
fait. Je vous prie, Monſieur, dit Mad. Jervis, que Mr. Longman regle mes comptes,
& je m'en irai le plutôt que je pourrai : pour
Pamela j'eſpere que vous lui permettrez de
partir jeudi prochain : comme elle ſe le propoſe.

Je me tenois cependant tranquille, ne
pouvant ni parler, ni lever les yeux, tant
ſa préſence me cauſoit de trouble. Mais j'é-
tois vivement fâchée de voir que j'étois
cauſe que Mad. Jervis alloit perdre ſa place. Je me flatte pourtant qu'elle pourra ſe
raccommoder avec mon maître.

Eh bien, dit-il, que Mr. Longman regle vos comptes auſſi-tôt qu'il vous plaira;
& Mad. Jewkes (c'eſt la ménagere de la

maiſon qu'il a dans le Comté de Lincoln)
viendra ici prendre votre place ; & je ſuis
perſuadé qu'elle ne ſera pas moins obligeante que voùs l'avéz été. Monſieur, dit-
elle, je ne vous ai jamais déſobligé juſques
à préſent ; & permettez-moi de vous dire,
que ſi vous connoiſſiez ce que vous devez à
votre propre réputation , & ce que l'honneur exige de vous . . . Ne me parlez point,
dit-il en l'interrompant , ne me parlez point
de ces vieux lieux communs , uſés depuis
long-tems. Je crois n'avoir pas été un mauvais ami à votre égard ; & je vous eſtime-
rai toujours , quoique vous n'ayiez pas gardé mes ſecrets auſſi fidelement que je l'aurois ſouhaité , & que vous ayiez parlé de
moi à cette fille d'une maniere qui eſt cauſe qu'elle me craint plus qu'elle n'en a de
ſujet. Monſieur, dit-elle , après ce qui s'eſt
paſſé hier , & la nuit derniere , je crois n'a-
voir encore que trop obéi à vos ordres;
& je mériterois d'être en abomination a tout
le monde , comme la plus indigne créature
qui ſoit ſous le Ciel , ſi j'avois été capable
de favoriſer vos injuſtes entrepriſes. Encore , Mad. Jervis , encore des réflexions in-
jurieuſes contre moi ; & cela pour des crimes purement imaginaires ! car je n'ai fait
aucun mal à cette fille. Je ne veux plus le
ſouffrir , je vous en aſſure. Cependant, pour
l'amour

l'amour de ma Mere, je veux bien me fé-parer de vous en ami : vous devez pourtant faire des réflexions toutes deux fur la liberté avec laquelle vous avez parlé de moi ; j'en aurois plus de reffentiment que je n'en ai, fi je ne favois pas, qu'il ne me convenoit guere de m'abaiffer jufqu'à me cacher dans votre cabinet : je devois compter que j'entendrois bien des impertinences fur mon chapitre dans la converfation que vous auriez enfemble.

Je me flatte, Monfieur, dit-elle, que vous n'avez aucune raifon d'empêcher que Pamela ne s'en aille jeudi prochain. Vous êtes bien en peine de Pamela, dit-il ; mais non, qu'elle s'en aille quand elle voudra, je ne m'y oppofe point. C'eft une méchante fille, qui s'eft attiré tout cela par fa propre faute, & qui m'a caufé plus de chagrin, qu'elle n'en a eu de ma part. Mais j'ai furmonté tout, & jamais je ne me mettrai plus en peine d'elle, ni de ce qui la regarde.

On m'a fait, ajouta-t-il, quelques propofitions de mariage, depuis que je fuis forti ce matin ; & je fuis affez difpofé à y prêter l'oreille, c'eft pourquoi je fouhaite qu'on foit difcret fur tout ce qui s'eft paffé ; & il ne fera plus queftion de Pamela, par rapport à moi, je vous en donne ma parole.

I. Partie.   M

Je joignis mes deux mains , & les éle-
vai par-deſſous mon tablier ; car j'étois ravie de ce que je venois d'entendre , quoique je duſſe m'en aller bientôt. Car bien
qu'il ait été très-méchant à mon égard , je
lui ſouhaite de tout mon cœur toute ſorte
de proſpérités , pour l'amour de ma chere
& bonne maîtreſſe.

Eh bien Pamela , me dit-il , vous ne devez plus craindre de me parler ; dites-moi
pourquoi vous avez levé les mains en haut.
Je ne lui répondis pas un mot. Si vous
agréez ce que je viens de dire , ajouta-t-il,
donnez-moi la main en ſigne d'approbation.
Je la lui donnai à travers mon tablier ; il
la prit & la preſſa , mais plus doucement
qu'il n'avoit fait mon bras la veille. Pourquoi cette petite folle ſe couvre - t - elle le
viſage , dit-il ? ôtez ce tablier , que je voie
quel air vous avez après les diſcours libres
que vous avez tenus ſur mon compte hier
au ſoir. Il n'y a pas lieu de s'étonner que
vous ayiez honte de me voir , après avoir ſi
bien accommodé ma réputation

Ce diſcours me parut une cruelle inſul-
te que je ne pus ſoutenir , après la conduite qu'il avoit tenue à mon égard. Je rom-
pis donc le ſilence , en m'écriant, O bon
Dieu , quelle différence il y a entre les diſ-
poſitions de tes créatures ! Pourquoi faut-il

que les unes paroiſſent humiliées & abattues dans leur innocence , tandis que les autres triomphent de leurs crimes !

En diſant cela je montai dans ma chambre , & je me mis à écrire ceci : car quoiqu'il m'eût chagrinée par ſes injuſtes reproches, j'étois pourtant très - contente d'apprendre, qu'il alloit , ſuivant les apparences, ſe marier bientôt , & qu'il avoit ſi heureuſement renoncé à tous les mauvais deſſeins qu'il avoit formés contre moi ; c'eſt ce qui me rendit un peu tranquille. Je me flatte d'avoir eſſuyé maintenant les plus grands dangers; car ſi cela n'eſt pas , mon ſort doit être bien malheureux : cependant je ne me croirai pas tout-à-fait hors de danger, que je ne ſois chez vous : car il me ſemble , qu'après tout , ſa repentance & ſa converſion ſont un peu ſubites. Mais la grace de Dieu n'eſt point attachée à un certain tems ; il peut avoir été frappé de remords tout d'un coup, pour les injures qu'il m'a faites : je me flatte que cela eſt ; je ne m'y fierai pourtant que de la bonne ſorte.

Puiſque j'ai occaſion de vous faire tenir ceci , je vous l'envoie, quoique je ſois perſuadée que ce récit vous percera le cœur. J'eſpere que je vous apporterai moi - même mon premier griffonnage. Je ſuis , quoi qu'encore dans une grande détreſſe ;

Votre très-obéiſſante Fille.

LETTRE XXVII.

Mes très-chers Pere & Mere,

JE ſuis bien aiſe de vous avoir priés de ne point venir à ma rencontre ; & Jean m'a dit que vous n'y viendrez point, parce qu'il vous a aſſurés que je trouverai quelque moyen de me rendre chez vous, ſoit en croupe derriere quelqu'un des domeſtiques , ſoit avec le ſecours du fermier Nichols. Pour ce qui eſt du carroſſe dont il vous a parlé , je ne dois plus ſans doute , eſpérer cette faveur ; & je ne m'en ſoucie pas beaucoup , parce que cela paroîtroit trop au-deſſus de moi. On m'a dit, que le fermier Brady a une chaiſe & un cheval ; nous eſpérons de les emprunter, ou même de les louer plutôt que de manquer de partir ; quoiqu'à préſent je n'aie pas beaucoup d'argent de reſte , après les dépenſes que j'ai faites , je ſuis pourtant aſſurée, que j'en pourrois avoir autant que je voudrois de Mad. Jervis, ou de Mr. Longman. Mais, direz-vous , comment le

rendre enſuite ? Et d'ailleurs, je n'aime pas
à avoir obligation à perſonne.

Mais la principale raiſon, pour laquelle
je ſuis bien aiſe que vous ne vous donniez pas la peine de venir au devant de moi,
c'eſt l'incertitude où je ſuis ſur le jour de
mon départ : car je vois bien qu'il faut que
je demeure ici au moins encore huit jours ;
mais j'eſpere de m'en aller jeudi prochain ;
la pauvre Mad. Jervis, qui veut abſolument partir avec moi, ne ſauroit être prête plutôt.

Oh ! quand aurai-je le bonheur d'être en
ſûreté chez vous ! Car quoiqu'il ſoit à préſent aſſez civil à mon égard, & qu'il ne pa-
roiſſe pas d'auſſi mauvaiſe humeur qu'il étoit
auparavant, cependant il ne laiſſe pas de
me chagriner beauoup d'une autre maniere, comme je vais vous le dire. Vous ſaurez
qu'on lui apporta hier au logis un magnifique habit ; c'eſt ce qu'on appelle un habit
pour un jour de naiſſance. Car il a deſſein
d'aller à Londres à la naiſſance du Prince,
pour voir la Cour ; & tous nos gens diſent
qu'il ſera fait Pair du Royaume. Je voudrois
qu'on le rendît honnête homme. Il eſt vrai
qu'il a toujours paſſé pour tel ; mais je ne
l'ai pas trouvé ainſi, pour mon malheur.

Comme on lui avoit donc apporté ces
beaux habits, il voulut les eſſayer ; & avant

que de les ôter il m'envoya chercher ; il n'y avoit perfonne que lui dans la fale. Pamela, me dit-il, tu fais voir tant de bon goût dans tes habits, & dans la maniere dont tu te mets (hélas ! c'eft ce que j'ignorois parfaitement) que tu dois fans doute être capable de juger de nos habillemens à nous : comment trouves-tu cet habit ? Me va-t-il bien ? Je vous demande pardon, Monfieur, lui dis-je, je ne fuis point juge de ces chofes là : mais il me femble que cet habit eft parfaitement beau.

La vefte étoit toute couverte de dentelle d'or, & il avoit grand air dans cet habit ; mais ce qu'il fit dans la fuite me rendit fi férieufe que je ne pus lui faire aucun compliment. Pourquoi, me dit-il, ne portez-vous pas vos habillemens ordinaires ? quoiqu'il faille avouer que tout vous fied bien (car je continue toujours à porter mes nouvelles hardes.) Monfieur, lui répondis-je, ce font ici les feules hardes que je puiffe appeller miennes : & qu'importe dans quels habits paroiffe une fille comme moi ? Vous êtes bien férieufe, Pamela, dit-il ; je vois bien que vous favez conferver de la rancune. Oui, je le puis, Monfieur, lui dis-je, lorfque j'en ai fujet. Comment, reprit-il, vos yeux font toujours rouges, je penfe ; n'êtes-vous pas folle de prendre fi fort à cœur les petites li-

bertés que je me suis données avec vous der-
nierement ? Je vous assure que vous & cette
sotte de Mad. Jervis me causâtes autant de
frayeur par vos cris affreux, que j'ai pu moi-
même vous en causer. C'est tout ce qui nous
en est revenu, lui répondis-je ; mais si vous
avez pu craindre si fort que vos propres domestiques ne vinssent à découvrir les outra-
ges que vous vouliez faire à une pauvre &
indigne créature, qui est sous votre protection aussi long-tems qu'elle demeure chez
vous, vous devriez sans doute craindre encore plus le Dieu tout-puissant, en la présence duquel nous sommes tous, & devant
qui les plus grands aussi bien que les plus petits auront à répondre de toutes leurs actions,
quelles que puissent être leurs opinions là-
dessus.

Il me prit la main avec un certain air moitié piqué & moitié railleur : Voilà qui est
bien dit, ma petite Prêcheuse, s'écria-t-il ;
quand mon Chapelain de Lincoln sera mort,
je te mettrai en manteau noir & en collet,
& tu feras une fort jolie figure dans sa place. Je souhaiterois, lui dis je, un peu piquée
de sa raillerie, que votre propre conscience
vous prêchât, & vous n'auriez pas besoin
d'un autre Chapelain. Eh bien, eh bien, Pamela, dit-il, quittons ce jargon qui n'est plus
à la mode. Si je vous ai envoyé chercher,

ce n'étoit pas tant pour favoir votre fentiment fur mon habit neuf, que pour vous dire , que, puifque Mad. Jervis le fouhaite,
vous pouvez demeurer ici jufques à ce
qu'elle s'en aille. Moi , je puis demeurer,
m'écriai-je ! Je vous affure que je ferai charmée dès que je ferai hors de la maifon

Vous êtes une ingrate , dit - il : mais je
penfois , ajouta-t-il , en me prenant la main,
que ce feroit dommage qu'avec ces belles
mains blanches , & cette peau fi fine & fi
douce , vous vous miffiez encore à faire de
gros ouvrage , comme vous y ferez obligée
fi vous retournez chez vos parens. Je con-
feillerois donc à Mad. Jervis de prendre une
maifon à Londres, & de louer des appar-
temens à nous autres Membres du Parlement lorfque nous venons en Ville : vous
pourrez paffer pour fa fille ; & jolie comme
vous êtes , vous devez être affurée que la
maifon fera toujours pleine, & que vous
gagnerez beaucoup.

Cette raillerie infultante me perça le
cœur ; j'étois déja prête à pleurer auparavant; mais alors je fondis en larmes, & voulant retirer ma main qu'il tenoit toujours, Je
ne pouvois gueres, lui dis-je , m'attendre à
un compliment plus honnête de la part d'un
homme comme vous ; ce difcours répond
parfaitement à la conduite que vous avez tenue

nue envers moi ; & il faut que je le dife,
duffiez-vous être mille fois plus en colere
encore......Moi en colere, Pamela ! dit-il
en m'interrompant ; non, non, j'ai furmonté
tout cela , & puifque vous devez vous en
aller , je vous regarderai , Mad. Jervis &
vous auffi long-tems que vous refterez ici ,
comme des étrangeres qui logent chez moi ,
& non comme mes domeftiques ; ainfi vous
pouvez dire tout ce qu'il vous plaira :
Mais il me femble , Pamela , que vous ne
devriez pas témoigner tant d'indignation
contre ce que je viens de dire : Il eft vrai
que vous avez des idées affez romanefques
fur la vertu. Je ne doute point que vous ne
perfévériez dans ces fentimens héroïques ;
perfonne ne pourra jamais vaincre votre
vertu : mais, mon enfant, ajouta-t-il, avec
un certain air férieux , confidérez quelle
belle occafion vous aurez alors, de faire
tous les jours quelque nouvelle hiftoire à
Mad. Jervis : quel ample fujet de lettres à
écrire à votre pere & à votre mere ; &
quels jolis fermons vous pourrez faire aux
jeunes Meffieurs , qui vous feront la cour.
Je vous jure que c'eft le meilleur parti que
vous & elle puiffiez prendre.

Vous faites bien , Monfieur , lui dis-je ,
de proportionner votre efprit à la capacité
d'une pauvre fille comme moi. Mais permet-

tez-moi de vous dire, que ſi vous n'étiez pas riche & puiſſant, & ſi je n'étois pas pauvre & de baſſe extraction, vous n'oſeriez pas m'inſulter comme vous faites. Permettez-moi auſſi de vous demander ſi vous croyez que cela convienne à ces beaux habits que vous portez, & à votre qualité de maître ? Vous voilà bien grave & bien ſérieuſe, ma jolie Pamela, dit-il, en me voulant baiſer. J'avois le cœur gros ; Laiſſez-moi, lui dis-je, & quand vous ſeriez un Roi, j'oſerois vous dire que vous n'agiſſez point en honnête homme, ſi vous me parliez comme vous venez de faire. Je ne veux point reſter ici pour être traitée de cette maniere ; je m'en irai chez le fermier le plus proche, où j'attendrai Mad. Jervis, s'il faut qu'elle s'en aille auſſi. Et je veux que vous ſachiez, Monſieur, que je puis me réſoudre à faire l'ouvrage le plus rude des moindres cuiſinieres, malgré ces vilaines mains blanches, plutôt que de ſouffrir ces indignes diſcours que vous me tenez.

Quand je vous ai envoyé chercher, dit-il, j'étois de la meilleure humeur du monde, mais il eſt impoſſible de la conſerver longtems avec une impertinente comme vous. Je veux cependant réprimer ma colere ; mais auſſi long-tems que je vous verrai ici, je vous prie de ne point prendre cet air grave

& trifte, ne fût-ce que par un principe de vanité ; autrement tous les domeftiques croiront que vous n'êtes trifte, que parce que vous vous en allez. Si cela eft, répondis-je, je tâcherai de les convaincre du contraire auffi bien que vous, & je m'efforcerai d'être auffi gaie qu'il me fera poffible.

Ah ! dit-il, je noterai ceci comme quelque chofe de particulier, car c'eft la premiere fois que vous ayiez paru faire quelque attention à ce que je vous confeillois : Et le premier confeil, repliquai-je, propre à être fuivi, que vous m'ayiez donné depuis quelque tems. Je fouhaiterois, dit-il, (j'ai prefque honte de l'écrire ; impudent Monfieur, qu'il eft) je fouhaiterois que tu fuffes auffi prête d'une autre maniere que tu l'es dans tes reparties. Là-deffus il fe mit à rire. J'arrachai ma main d'entre les fiennes, & je me retirai auffi vîte que je pus. Ah ! penfai-je en moi-même ; on dit qu'il fe marie, & il en eft tems ; autrement aucune honnête fille ne pourra demeurer chez lui.

En vérité, mes chers Pere & Mere, il devient tout-à-fait libertin : vous voyez combien il eft aifé d'aller de mal en pis lorfqu'on s'eft une fois abandonné au vice.

Que ma pauvre maîtreffe auroit été affligée de voir cela fi elle eût vécu ! Mais il auroit peut-être été alors plus fage : quoique

Mad. Jervis m'ait dit qu'il avoit déja du vivant de sa mere, quelque penchant pour moi, & qu'il avoit formé le deffein de me le déclarer en peu de tems. Admirez l'impudence de l'homme ! Sans doute qu'il faut que le monde foit proche de fa fin, car tous les gentilshommes du voifinage font prefque auffi corrompus que lui. Et voyez ce que produifent ces mauvais exemples. Voilà Mr. Martin du Boccage, qui a eu trois accouchemens chez lui en trois mois de tems ; de ces trois enfans il y en a un dont il eft lui-même le pere , fon cocher l'eft du fecond , & fon garde-chaffe l'eft du troifieme : cependant il n'a chaffé ni l'un , ni l'autre : & comment auroit-il eu le front de le faire , puifqu'ils n'ont fait que fuivre le criminel exemple qu'il leur a donné ? Lui , & deux ou trois du même caractere , à dix milles de chez nous , vifitent notre honnête-homme de maître , & vont à la chaffe avec lui ; & je m'imagine que leurs mauvais exemples ne contribuent pas peu à le corrompre : Dieu me préferve , & me faffe fortir bien-tôt de ce mauvais lieu.

Mais, mon cher pere & ma chere mere, quelle efpece de créatures faut-il que foient les femmes , puifqu'elles donnent lieu à de pareilles méchancetés ? Leur conduite fait juger que nous fommes toutes du même ca-

ractere. Helas ! dans quel siecle vivons-nous !
car c'est maintenant une plus grande mer-
veille de voir des hommes à qui on résiste ,
que des femmes qui cedent. C'est-là, je pense , ce qui fait que je suis une insolente , une
impudente , une créature , & que sais-je encore ? & cela seulement parce que je ne veux
pas être en effet une impudente & une insolente.

Je suis sérieusement fâchée de ces choses ;
car on ne sait quels artifices & quels strata-
gêmes ces hommes emploient pour exécuter
leurs criminels desseins ; je veux donc former
le jugement le plus favorable qu'il m'est possible sur la conduite de ces pauvres créatures
qui se laissent séduire , & avoir pitié de leur
sort : car vous comprenez par ma triste histoire , & par les dangers dont je ne me suis
sauvée qu'avec peine , à quelles tentations
sont exposées de pauvres filles , qui sont obli-
gées d'aller en condition, principalement dans
des familles où l'on n'a pas la crainte de
Dieu, & dont le chef ne sait pas bien régler
sa maison.

Vous voyez que je suis devenue tout-à-
fait grave & sérieuse , & c'est ce qui convient à

Votre très-obéissante Fille.

LETTRE XXVIII.

Mes très-chers Pere & Mere,

JEAN m'a dit que vous aviez pleuré en lifant ma derniere lettre qu'il vous a portée. Je fuis fâchée qu'il s'en foit aperçu; car tous les domeftiques foupçonnent déja de quoi il s'agit; & comme il ne m'eft point glorieux d'avoir été attaquée, quoiqu'il le foit d'avoir réfifté, je fuis mortifiée que quelqu'un puiffe avoir mauvaife opinion de mon maître à caufe de moi, ou de quelqu'une des autres fervantes.

Mad. Jervis a réglé fes comptes avec Mr. Longman, & elle doit refter dans fa place. J'en fuis charmée pour l'amour d'elle & pour l'amour de mon maître; car elle a un bon maître en lui, comme ont tous les autres domeftiques, excepté moi, miférable que je fuis! & il a en elle une bonne & fidele ménagere.

Mr. Longman avoit pris la liberté de repréfenter à mon maître combien elle eft fidele; quel foin elle prend de fes intérêts, & combien fes comptes étoient juftes. Il lui dit qu'il n'y avoit point de comparaifon entre fes comptes & ceux de Mad. Jewkes la ménagere de la maifon qu'il a dans le Comté de Lincoln. Il dit tant de bien de Mad. Jervis, que mon maître l'envoya chercher en préfence de Mr. Longman , ajoutant que Pamela pouvoit venir avec elle ; je m'imagine que ce fut dans le deffein de me mortifier, en me faifant connoître qu'il falloit que je m'en allaffe pendant qu'elle demeureroit. Mais comme elle ne doit plus m'accompagner lors que je m'en irai , & que , quand même elle feroit fortie avec moi , nous ne devions pas vivre enfemble , je ne me fuis pas mife fort en peine de cette prétendue mortification : je dirai feulement que ç'auroit été un honneur pour une pauvre fille comme moi , qu'une femme du mérite de Mad. Jervis eût voulu m'accompagner.

Eh bien , Mad. Jervis , dit mon maître lorfqu'elle entra , Mr. Longman m'affure que vous avez réglé vos comptes avec lui, avec votre fidélité & votre exactitude accoutumée. J'avois bien envie de vous propofer de refter chez moi , pourvu que vous témoigniez quelque repentir des difcours imprudens qui vous font échapés contre moi, & qui , en vérité , n'étoient pas accompagnés de tout le refpect que j'ai mérité de votre part. Elle parut embarraffée à caufe que Mr. Longman étoit préfent , ce qui ne lui permettoit pas la liberté d'expliquer à quelle occafion elle avoit tenu les difcours qu'on lui reprochoit ; car c'eft moi qui en avois été le fujet.

Il faut que je l'avoue en votre préfence , lui

dit Mr. Longman ; depuis que je connois la famille de mon maître , je n'y ai jamais trouvé tant d'ordre , tant d'union , tant d'amitié, que depuis que vous en avez le foin. Je voudrois que la maifon de Lincoln fût auffi bien réglée. Ne parlez plus de cela , dit mon maître , Mad. Jervis peut refter s'il lui plaît. Et s'adreffant à elle, Acceptez ce préfent, dit-il; je vous en ferai un femblable , outre vos gages , à la fin de chaque année, lorfque vous aurez réglé vos comptes , auffi long-tems que vos foins me feront auffi utiles & auffi agréables qu'ils le font à préfent. En difant cela il lui donna cinq guinées. Elle le remercia & lui fit une profonde révérence en jettant les yeux de mon côté , comme fi elle eût eu deffein de me dire quelque chofe. Je m'imagine qu'il devina fa penfée ; car il dit, En vérité, Mr. Longman , j'aime à récompenfer le mérite , & les manieres obligeantes qu'on a pour moi : mais je ne faurois témoigner la même bonté à ceux qui ne s'en rendent pas dignes. Et là-deffus il me regarda en face. M. Longman , continua-t-il , cette fille pourroit demeurer ici avec Mad. Jervis , parce qu'elles aiment à être toujours enfemble : car Mad. Jervis a beaucoup de bonté pour elle , & l'aime comme fi c'étoit fa propre fille : mais ...... De la bonté pour Mademoifelle Pamela ! s'écria Mr. Longman en l'interrompant, ouï sans doute qu'elle en a ; mais il faut que tout le monde ait de la bonté pour Pamela : car . . . . .

Il alloit continuer , mais mon maître lui dit , Cela suffit, cela suffit, Mr. Longman, je vois que les vieillards se laissent prendre aux appas des jeunes filles aussi bien que les autres. Un beau visage cache bien des défauts lorsqu'on a l'art de se conduire obligeamment. Permettez-moi de le dire, Monsieur , reprit Mr. Longman , tout le monde...... Je crois qu'il alloit dire encore quelque chose à ma louange, mais mon maître l'interrompit en disant : Ne parlez plus de cette Pamela ; je vous assure que je ne saurois lui permettre de rester , non-seulement à cause des libertés qu'elle prend dans ses discours , mais aussi parce qu'elle se mêle d'écrire tous les secrets de mon domestique. Ouï ? dit le bon vieillard , j'en suis fâché : mais Monsieur...... N'en parlez plus , vous dis-je , reprit mon maître ; car ma réputation est si bien établie (ah ! que cela est beau , pensai-je en moi-même) que je ne me soucie pas de ce qu'on dit ou écrit sur mon sujet : mais pour parler franchement (il ne faut pas que cela aille plus loin) je songe à changer bientôt de condition ; & vous savez que de jeunes Dames de qualité & riches , aiment à choisir leurs propres domestiques : c'est-là la principale raiſon pourquoi Pamela ne ſauroit demeurer ici. Du reſte, ajouta-t-il, elle eſt, à tout prendre, une aſſez bonne fille ; il faut pourtant que je diſe que depuis la mort de ma mere elle eſt un peu inſolente dans ſes repliques, & me répond deux mots pour un que je lui dis ; ce que je ne ſaurois ſouffrir : auſſi n'y ſuis-je pas obligé comme vous le ſavez, Mr. Longman. Sans doute, Monſieur, répondit-il ; mais il me paroît fort étrange, que cette fille, qui eſt ſi douce & ſi civile envers chacun de nous, s'oublie préciſément par rapport à celui à qui elle doit le plus de reſpeĉt. Cela eſt étrange, je l'avoue, reprit mon maître, mais cela n'en eſt pas moins vrai, & ce fut ſon impertinence qui donna lieu à ma diſpute avec Mad. Jervis. Je ne m'en mettrois pas autrement fort en peine, ſi je ne ſavois pas que cette fille (là voilà préſente, je le dis devant elle) a de l'eſprit & du bon ſens au-deſſus de ſon âge, & connoît ce qu'elle me doit.

J'avois bonne envie de parler, mais je ne ſavois que dire à cauſe que Mr. Longman étoit là. Mad. Jervis me jetta un regard, & s'approcha de la fenêtre pour cacher l'inquiétude où elle étoit à mon ſujet. A la fin je dis, Il vous eſt permis, Monſieur, de dire ce qu'il vous plaît ; tout ce que j'y puis répondre, c'eſt que je prie Dieu de vous benir.

Le pauvre Mr. Longman voulut parler , mais il étoit fi troublé qu'il ne faifoit que bé-gayer , & les larmes lui couloient des yeux. Mon maître me dit d'un air infultant; Quoi ! Pamela , ne faurois-tu te montrer telle que tu es, en préfence de Mr. Longman ? Donne-lui , je te prie , quelque échantillon de cette impertinence avec laquelle tu me parles quelquefois.

Ne méritoit-il pas , mes chers Pere & Mere , qu'on lui dît alors toute la vérité ? Je me retins cependant , & je lui répondis feulement : Il vous eft permis, Monfieur , de railler une pauvre fille , qui , vous le favez , pourroit bien vous répondre , mais qui n'ofe pas le faire.

Qu'eft-ce que tu infinues ici ? reprit-il ; dis le pis que tu peux en préfence de Mr. Longman , & de Mad. Jervis. Je te défie , avec toute ton impertinence , de rien dire , qui puiffe faire tort à ma réputation : & puifque tu dois t'en aller, & que tu as gagné l'affection de tous mes domeftiques , je ferois bien aife d'être juftifié par ta propre bouche , & de te voir avouer ici que tu n'as aucune raifon de te plaindre qu'on ait eu des duretés pour toi , comme j'ai fujet de me plaindre moi de l'infolence de tes réponfes , outre ce que tu as écrit à mon défavantage.

En vérité , Monfieur , répondis-je , je ne

fuis pas d'affez grande conféquence parmi vos domeftiques, pour qu'un gentilhomme comme vous, qui êtes mon maître, ait befoin de fe juftifier fur mon fujet. Je fuis bien aife que Mad. Jervis demeure chez vous: pour moi je fai que je n'ai pas mérité de refter: je dis plus, je ne fouhaite pas même de refter.

Hola! qu'eft-ce que ceci?s'écria Mr. Longman, en courant à moi, ne dites pas cela, ma chere Mademoifelle Pamela, ne dites pas cela. Nous vous aimons tous avec tendreffe: je vous prie mettez-vous à genoux, demandez pardon à Monfieur; nous nous joindrons tous pour intercéder en votre faveur. Mad. Jervis & moi nous nous mettrons à la tête de tous les domeftiques, pour prier Monfieur qu'il vous pardonne, & qu'il vous permette de demeurer ici au moins jufqu'à ce qu'il fe marie....... Non, Monfieur Longman, repris-je, je ne faurois le demander; je ne voudrois pas même refter, quand on m'en accorderoit la permiffion. Tout ce que je fouhaite c'eft de retourner chez mes pauvres pere & mere; & quoique je vous aime tous, je ne veux point refter. Ah! s'écria le bon vieillard, je ne m'attendois pas à cela! Après avoir conduit les chofes jufqu'à ce point que d'avoir remis Mad. Jervis dans les bonnes graces de mon maître, je m'étois flatté que ce jour auroit été doublement un jour de réjouïſſance pour toute la famille, par le pardon que vous auriez auſſi obtenu. Vous le voyez, dit mon maître : c'eſt là, Monſieur Longman, un petit échantillon de ce que je vous ai dit ; vous ne vous attendiez pas à trouver tant d'orgueil & de fierté dans cette fille.

Mad. Jervis m'a dit depuis, qu'elle ne pouvoit plus ſouffrir de me voir traiter ſi injuſtement ; & que, ſi elle ne fût pas ſortie de la chambre, elle n'auroit pu s'empêcher de dire des choſes, qu'on ne lui auroit jamais pardonnées. Elle ſortit donc, & je voulus la ſuivre, mais mon maître me dit : Allons Pamela, donne je te prie à Mr. Longman, encore un échantillon de ton impertinence : je ſuis ſûr que tu n'y manqueras pas pour peu que tu parles. Eh bien, Monſieur, lui dis-je, puiſqu'il faut que votre grandeur ſoit juſtifiée par ma baſſeſſe, je ne ſouhaite point que votre réputation ſoit ternie le moins du monde dans l'eſprit de vos domeſtiques ; c'eſt pourquoi je dirai ici à genoux (& là-deſſus je me jettai à ſes pieds) que j'ai été fort coupable & fort ingrate envers le *meilleur* de tous les maîtres ; j'ai été obſtinée & inſolente, & je n'ai rien mérité de votre part, ſi ce n'eſt d'être chaſſée de chez vous avec honte & avec ignominie. C'eſt pourquoi je n'ai rien à dire pour ma propre juſtification ;

j'avoue que je ne mérite pas de rester chez vous, je ne saurois le desirer, & je ne veux point rester. Ainsi Dieu vous bénisse; & vous aussi, Monsieur Longman, & la bonne Mad. Jervis, & tous les autres domestiques. Je prierai Dieu pour vous tout aussi long tems que je vivrai. Là-dessus je me levai, mais je fus obligée de m'appuyer sur le fauteuil de mon maître, car je ne pouvois pas me soutenir.

Le pauvre vieillard pleuroit plus fort que moi, & dit, Ha! vit-on jamais rien de semblable! C'est trop, c'est trop, je n'y puis plus tenir; en vérité je suis tout attendri : mon cher Monsieur, pardonnez-lui : la pauvre enfant prie Dieu pour vous ; elle prie pour nous tous. Elle avoue sa faute, & cependant elle ne veut point qu'on lui pardonne; en conscience, je ne sai que penser de tout ceci.

Mon maître lui-même, tout endurci qu'il est, parut un peu touché : il tira son mouchoir de sa poche, & s'approcha de la fenêtre. Quel tems fait-il ? dit-il, & puis s'étant un peu plus endurci, Tu peux te retirer de devant moi, surprenant mélange de contrariétés, que tu es, me dit-il : mais sache que tu ne demeureras pas ici au-delà du terme que je t'ai marqué.

Ah! Monsieur, mon cher Monsieur, dit

le bon vieilard, je vous prie, laiffez-vous un peu toucher. Que diantre, vous autres jeunes gentilhommes vous avez, je penfe, un cœur de fer & d'acier. Je vous jure que le mien eft prêt à fe fondre, & à fortir en pleurs par mes yeux. Je n'ai jamais fenti rien de femblable auparavant. Mon maître me dit d'un ton impérieux, Sortez de ma préfence, petite impertinente, je ne puis plus fupporter votre vue. Je me retire, Monfieur, lui dis-je, auffi promptement que je puis.

Mais en vérité, mes chers Pere & Mere, la tête me tournoit fi fort, & je tremblois tant par tout le corps, que je fus obligée de m'appuyer avec les deux mains contre la muraille en marchant, & je crus que je n'arriverois jamais à la porte. Dès que j'y fus arrivée, comme je me flattois que c'étoit la derniere entrevue que j'aurois avec ce dur & terrible maître, je me tournai de fon côté & lui fis une profonde révérence, en lui difant, Dieu vous beniffe, Monfieur; Dieu vous beniffe auffi, Monfieur Longman. Je me rendis dans la galerie qui conduit à la grande fale, & je me jettai dans la premiere chaife que je trouvai; car il me fut impoffible pendant long-tems d'aller plus loin.

Je vous laiffe le foin, mes chers parens,

de faire des réflexions fur tout ceci , car pour moi je ne faurois écrire davantage : mon cœur eft prêt à fe fendre ; en vérité il l'eft. Oh ! quand m'en irai-je ! O bon Dieu , condui-moi en fûreté encore une fois dans la tranquille cabane de mon pauvre Pere ! Là les plus grands malheurs qui pourront m'arriver feront une joie parfaite en comparaifon de ce que je fouffre maintenant. Oh ! ayez pitié de

Votre malheureufe Fille.

LETTRE XXIX.

Mes très-chers Pere & Mere ,

IL faut que je continue à vous écrire , quoique je fois fur mon départ ; c'eft prefque tout ce que j'ai à faire à préfent ; car j'ai fini tout ce qui me reftoit à achever en qualité de fille de chambre , & maintenant je n'attends plus que l'heureux moment auquel je partirai. Mad. Jervis m'a dit, qu'après les dépenfes que j'ai faites , il ne pouvoit pas me refter beaucoup d'argent ; c'eft pourquoi elle vouloit me faire préfent de deux guinées des cinq qu'elle a reçues. Mais je n'ai pas voulu les accepter, parce que je fai que la bonne Dame en a befoin elle-même ; car elle paye peu à peu de vieilles dettes , que fes enfans ont con-tractées par leurs folles dépenfes. Son offre étoit pourtant un effet de fa bonté & de la générofité de fon cœur.

Je fuis mortifiée de ne pouvoir apporter que peu d'argent avec moi ; mais je fai que vous n'en ferez point fâchés , tant vous avez de bonté pour moi. J'en travaillerai avec plus de diligence & d'affiduité ; quand je ferai chez vous, fi je puis trouver du linge à cou-dre , ou quelque autre ouvrage à faire. Mais tout votre voifinage eft fi pauvre , que je crains de manquer d'ouvrage. Peut-être que la bonne femme Mumford pourra m'en pro-curer de la part de quelques familles riches où elle eft connue.

Voyez combien ma fituation eft trifte : vu la maniere dont les chofes ont tourné , j'ai été mal élevée. Car vous favez que ma bonne maîtreffe, maintenant avec Dieu , aimoit le chant & la danfe ; & comme elle difoit que j'avois de la voix & de l'oreille , elle me fit apprendre l'un & l'autre. Sou-vent elle me faifoit danfer devant elle ; fou-vent auffi elle m'obligeoit à lui chanter quel-que chanfon innocente , ou quelque Pfeau-me. Elle voulut auffi que j'appriffe à def-finer & , à broder , & à faire de beaux ou-vrages à l'aiguille. J'ai appris tout cela paffablement bien ; elle avoit coutume de louer ce que je faifois , & elle étoit bon juge.

De quoi tout cela me fervira-t'il maintenant ? Je fuis précifément dans le cas de la cigale de la fable , que j'ai lue , il y a quelques jours , dans un livre de ma maîtreffe ; je vais vous la copier mot pour mot.

« Comme les fournis mettoient leurs » provifions au foleil , durant un beau jour » de l'Hiver , une cigale affamée (comme qui diroit la pauvre Pamela) vint leur » demander la charité. Elles lui dirent qu'elle auroit dû travailler durant l'Eté , afin » de ne point manquer du néceffaire en » Hiver. Je n'ai pas été tout à fait oifive, » répondit la cigale , car j'ai chanté pendant » toute la belle faifon. Vous ferez donc » bien , reprirent les fourmis , de paffer » l'année entiere en joie , & de danfer en » Hiver fur l'air que vous chantiez en » Eté.

Voilà où j'en fuis. Oh ! que je ferai une belle figure chez vous avec mon chant & ma danfe! Je doute même que je fois propre à jouer mon rôle dans vos jours de fête ; car ces menuets , ces rigodons , ces danfes Françoifes qu'on m'a fait apprendre, ne conviendront guere à mes compagnes champêtres , qui n'en ont aucune idée. En vérité, vu l'état auquel je vais être réduite , il vaudroit mieux pour moi que j'euſſe appris à blanchir, à écurer, à braſſer, à faire du pain & d'autres choſes ſemblables. Mais je me flatte que ſi je ne puis pas trouver de l'ouvrage, & que je ſois obligée de me louer à la journée, j'apprendrai tout cela bientôt, pourvû qu'on veuille bien me ſupporter juſqu'à ce que je l'aie appris. Car, Dieu merci, j'ai un eſprit humble & docile, malgré tout ce que mon maître peut dire; ce qui, après la protection de Dieu, eſt toute ma conſolation. Car rien de ce qui eſt honnête ne me paroîtra au-deſſous de moi: peut-être que je le trouverai un peu dur d'abord; mais malheur à mon cœur fier, s'il le trouve ainſi; je le forcerai à ſe ſoumettre à ma condition, où il crèvera.

J'ai lû quelque part, qu'un bon Evêque, qui étoit condamné à être brûlé pour cauſe de religion, voulut eſſayer comment il pourroit ſupporter la douleur du feu, en mettant le doigt dans la flamme d'une chandelle. Moi de même je voulus eſſayer l'autre jour, dans l'abſence de Rachel, ſi je pourrois écurer de l'étain; je vois que j'y parviendrois avec le tems, quoique par cet eſſai je me fis venir deux ampoules à la main.

Après tout, ſi je pouvois trouver aſſez

d'ouvrage à l'aiguille , je ne voudrois pas me gâter les mains par un travail si rude & si grossier. Si je n'en trouve point, j'espere que je rendrai mes mains rouges comme du sang , & dures comme du bois , afin de les accommoder à ma condition. Mais il faut que je m'arrête ici , car j'entends quelqu'un.

Ce n'est que notre Anne , qui vient me dire quelque chose de la part de Mad. Jervis. Mais chut , voici encore quelqu'un … Ce n'est que Rachel.

Le moindre bruit m'alarme autant qu'il alarmoit le rat de Ville & le rat des Champs dont il est parlé dans le même recueil de fables. Oh ! de combien de choses n'aurai-je pas à vous entretenir durant les soirées d'Hiver ! Si je puis seulement trouver de l'ouvrage , & avoir quelque tems à moi pour lire , j'espere que nous serons fort heureux autour de notre feu.

Voici ce qui m'a fait dire que je n'apporterois que peu d'argent avec moi.

Vous saurez que j'avois formé un dessein , que j'ai exécuté cette après-dînée. J'ai pris tous mes habits & tout mon linge , & j'en ai fait trois paquets , comme j'avois dit auparavant à Mad. Jervis que je me proposois de faire. Il est aujourd'hui Lundi , Mad. Jervis , lui ai-je dit , & je dois m'en aller Jeudi pro-

chain de grand matin : c'eſt pourquoi, quoique je ſois perſuadée que vous ne doutez
point de ma probité , je vous prie d'examiner mes hardes , afin que chacun ait ce qui
lui appartient ; car vous ſavez que je ſuis réſolue de n'emporter que ce que je puis à la
rigueur appeller *mien*.

Eh bien, dit-elle , (je ne ſavois pas alors
ſon intention , je ſuis ſûre qu'elle étoit bonne , cependant je n'eus pas lieu de lui en ſavoir gré , lorſque je vins à connoître le deſſein qu'elle avoit ,) faites porter vos hardes
dans la chambre à tapiſſerie verte , & je ferai tout ce qu'il vous plaira.

De tout mon cœur , dis-je , dans cette
chambre, ou par-tout où vous voudrez : mais
il me ſemble que vous auriez pu monter , &
examiner ces hardes où elles ſont.

Je fus donc les chercher , & je les apportai
en bas , après en avoir fait trois paquets.

Vous ſaurez qu'elle avoit averti mon
maître à mon inſu de la ſcene qui alloit ſe
jouer. Il y a dans cette chambre verte , comme on l'appelle , un cabinet avec une porte
vitrée , devant laquelle il y a un rideau ;
c'eſt là qu'elle tient les confitures , & d'autres
choſes ſemblables. Le deſſein de Mad. Jervis
étoit d'adoucir mon maître en ma faveur ,
& de l'engager à me faire garder toutes les
hardes qu'on m'avoit données. Si elle avoit

réuffi , j'aurois pu les vendre , & en faire de l'argent pour nous aider à vivre , lorfque nous ferions enfemble : car je vous affure que je n'aurois jamais pu me réfoudre à les porter.

Il fe cacha donc dans ce cabinet fans que j'en fuffe rien. Je m'imagine qu'il y entra pendant que j'étois allée appeller Mad. Jervis ; & elle m'a dit depuis qu'il l'avoit priée de lui permettre de s'y cacher, lorfqu'elle lui dit quelque chofe de mon deffein ; fans quoi elle ne m'auroit pas ainfi trompée : car elle fait que je n'ai que trop de raifons de me fouvenir de la derniere avanture d'un cabinet.

Lorfqu'elle entra , je lui dis , Voici Mad. Jervis , le premier paquet ; je vais l'ouvrir devant vous. Voilà les hardes que ma bonne maîtreffe m'avoit données. Premierement, voici , dis-je ..... Je lui articulai un par un tous les habits & tout le linge dont elle m'avoit fait préfent , mêlant mille bénédictions dans mon difcours , à caufe des bontés qu'elle avoit eues pour moi. Après avoir montré tout ce qu'il y avoit dans le premier paquet, Voilà , dis-je , quels étoient les préfens de ma bonne maîtreffe.

Venons à ceux de mon cher & vertueux maître ; ils vous font fouvenir du cabinet, n'eft-ce pas ? Elle fe mit à rire , en difant, Jamais de ma vie je n'ai vu une fille auffi

plaifante que vous ; mais continuez. C'eft
ce que je ferai , dis-je , dès que j'aurai ouvert le paquet ; car j'étois alors extremement
gaie & de bonne humeur , ne foupçonnant
pas qu'il y avoit quelqu'un qui m'entendoit.
Voici les préfens de mon *très-digne* maître ,
dis-je , en les montrant l'un après l'autre.

Enfin je me tournai vers le troifieme paquet ; Voici, Mad. Jervis , le paquet de la
pauvre Pamela. Il eft bien pauvre en comparaifon des deux autres. Premierement ,
voici la robe de chambre de toile de coton, que j'avois coutume de porter le matin. Elle ne fera peut-être que trop bonne
pour moi lorfque je ferai chez mon Pere ;
mais il faut bien que j'aie quelque chofe à
porter. Voici enfuite un jupon piqué de cal-
mandre , une paire de bas que j'achetai du
colporteur , & mon chapeau de paille avec
fes rubans bleus ; un refte de toile d'Ecoffe
pour faire quatre chemifes , deux pour mon
Pere & deux pour ma Mere , femblables
à celles que j'ai actuellement fur moi. Voici
quatre autres chemifes , une de cette même
toile, une autre qui eft encore affez bonne ,
& deux autres de toile fine , mais fi ufées ,
qu'elles ne valent pas la peine de les laiffer ,
j'en pourrai faire quelque chofe lorfque je
ferai chez mon Pere ; & voici deux paires
de fouliers ; j'en ai ôté le galon d'argent ,

que je brûlerai ; cela pourra me rapporter quelque chose dans le besoin, avec deux ou trois vieilles boucles d'argent que j'ai.

De quoi, riez-vous, Mad. Jervis, ajou-tai-je ; vous ressemblez à un jour du mois d'Avril, vous riez & pleurez alternative-ment. Voici un mouchoir de coton que j'a-chetai du colporteur ; il devroit y en avoir un autre quelque part : Ha ! le voici ; & voi-là mes gants neufs ; voici mon jupon de fla-nelle tout neuf, pareil à celui que j'ai sur moi : & dans ce petit paquet à part il y a quelques morceaux de toile peinte, & quel-ques restes de pieces de soie, qui, si j'ai du bonheur, & que je trouve de l'ouvrage, pourront servir à faire des paremens & d'au-tres choses semblables ; & voilà aussi une pai-res de poches : elle sont trop belles pour moi ; mais je n'en ai point d'autres. Ah ! dis-je, je ne croyois pas avoir tant de bonnes nippes !

Mad. Jervis, ajoutai-je, vous avez vu toutes mes richesses ; je vais maintenant m'asseoir, & vous dire ce que j'ai dessein de faire.

Abrégez donc, ma chere fille, dit-elle ; car elle craignoit que je n'en disse trop sur le compte de mon maître, comme elle l'a avoué depuis.

Voici, repris-je, dequoi il s'agit : c'est un

cas de confcience, dans lequel il faut fuivre les regles de l'équité ; & je vous prie, fi vous m'aimez, de me laiffer agir à ma fantaifie. Je ne faurois avoir aucun droit à ces préfens de ma maîtreffe, & je ne dois pas par conféquent les emporter : car elle me les a faits en fuppofant que je porterois ces hardes en la fervant, pour faire honneur à fon cœur généreux. Mais puifqu'on me chaffe, vous comprenez bien que je ne puis pas les porter chez mon Pere ; car je m'attirerois tout le village fur les bras. C'eft pourquoi je fuis réfolue de ne les point emporter.

J'ai moins de droit encore aux préfens de mon digne maître : car vous favez à quelle intention il me les a faits. Ils devoient être le prix de mon infamie ; & fi je les gardois, je crois que je ne profpérerois jamais. Et d'ailleurs, vous favez, Mad. Jervis, que puifque je refufe de faire l'ouvrage que mon bon maître exige de moi, il n'eft pas jufte que j'accepte fes gages : Ainfi en honneur, en confcience, & par toute forte de raifons, je n'ai rien à prétendre dans ce fecond *méchant* paquet.

Mais, continuai-je, viens entre mes bras, mon troifieme & cher paquet, compagnon de ma pauvreté, & témoin de ma vertu. Puiffé-je ne mériter jamais la moindre des

guenilles que tu renfermes , fi je viens à perdre cette innocence , dont je me flatte que je
ferai toujours ma gloire auffi long-tems que je
vivrai : & alors je fuis perfuadée qu'elle fera
auffi ma plus grande confolation à l'heure de
la mort , lorfque toutes les richeffes & toute
la pompe de ce monde s'évanouïffent , & ne
font pas d'un plus grand prix que les plus mi-
férables haillons que les moindres mendians
puiffent porter ; là-deffus j'embraffai tendre-
ment mon troifieme paquet.

Mad. Jervis , ajoutai-je (les larmes lui
couloient des yeux en m'entendant parler)
j'ai encore un confeil à vous demander, &
puis j'ai fait.

Vous vous fouvenez des quatre guinées
que ma maîtreffe avoit dans fa bourfe lorfqu'elle mourut : & vous favez que mon
maître me les donna avec quelques pieces
d'argent. J'ai envoyé ces quatre guinées à
mon pere, & il les a entamées ; fi je l'a-
vois voulu, il les auroit complétées afin de
les rendre , & il le fera encore, fi vous
croyez que cela foit à propos. Dites-moi, je
vous prie, fincerement votre penfée : Par rapport aux trois années qui ont précédé la mort
de ma maîtreffe , penfez-vous que je puiffe
me croire quitte , vu que je n'ai point eu de
gages durant tout ce tems-là ? Quand je dis
quitte , je ne prétends pas dire par là , que

mes petits services aient pu égaler les bontés que ma maîtresse a eues pour moi ; cela est impossible. Mais comme l'éducation qu'elle m'a donnée, & ce qu'elle m'a fait apprendre ne me sera désormais presque d'aucun usage, vu la maniere dont les choses ont tourné, de sorte qu'il m'auroit beaucoup mieux valu apprendre à faire de gros ouvrages, puisque c'est à quoi il faut que je me résolve enfin, pourvu que je puisse trouver une condition (& vous savez qu'une fille en condition est exposée à des tentations si terribles, que la pensée seule m'en fait frémir) tout cela bien considéré, dis-je, j'entends par être quitte envers elle, que, puisque je rends tout ce qu'elle m'a donné, je puis avoir gagné au moins ma nourriture par les petits services que je lui ai rendus : car il ne faut plus mettre mon éducation en ligne de compte, puisqu'elle m'est devenue nuisible plutôt qu'utile ; je suis persuadée que ma bonne maîtresse auroit été de ce sentiment si elle eût vécu. Mais ce n'est pas de quoi il s'agit. Je voudrois vous demander si pendant cette année & plus, que j'ai demeuré avec mon maître, je ne puis pas avoir gagné ces quatre guinées, outre ma nourriture, puisque je suis résolue de lui rendre tous ses autres présens ; & si je ne puis pas avoir gagné aussi ces pauvres habits que j'ai sur le corps, & ce qu'il y a dans mon troifieme paquet. Dites-moi librement votre penfée, fans que votre affection pour moi vous engage à me favorifer au-delà de ce qu'exige la juftice la plus rigoureufe.

Helas! ma chere enfant, dit-elle, vous me rendez prefque incapable de parler. Je vous affure que le plus grand affront que vous puiffiez faire à mon maître, c'eft de laiffer ces hardes ici; il faut que vous emportiez tous ces paquets; autrement jamais il ne vous le pardonnera.

C'eft ce dont je ne me foucie gueres, Mad. Jervis, repris-je, tant j'ai été accoutumée depuis peu à me voir grondée & maltraitée par mon maître. Je ne lui ai fait aucun tort, je prierai toujours Dieu pour lui, & je lui fouhaite toute forte de bonheur; mais je ne mérite point tous ces préfens; je fai que je ne les mérite point; d'ailleurs, quand même j'emporterois ces hardes, je ne puis point les porter, de forte qu'elles ne me feroient d'aucun ufage. Je me confie en la providence divine; & j'efpere que je ne manquerai jamais du peu qui me fera néceffaire pour ne pas mourir de faim; & c'eft tout ce que je defire. Je puis vivre de pain & d'eau, Mad. Jervis; & être contente. Pour de l'eau j'en trouverai par-tout; & fi je ne puis gagner du pain, je vivrai comme les oifeaux du ciel, en hyver du fruit que je trouverai dans les haïes, & le reste du tems, de gland, de pommes de terre, de navets, & d'autres choses semblables. Quel besoin aurai-je donc de toutes ces hardes ? Tout ce qui m'inquiete ce sont ces quatre guinées : Je vous prie de me dire si vous croyez que je doive les rendre. Point du tout, ma chere, répondit-elle, vous les avez bien gagnées, ne fût-ce que par cette veste que vous avez brodée. Non, dis-je, je ne crois pas que cela soit suffisant : mais peniez-vous que cette veste, avec le linge & d'autre ouvrage que j'ai fait, vaille ces quatre guinées ? Ouï, dit-elle, & même plus. Y compris, ajoutai-je, ma nourriture, & ces pauvres hardes que j'ai sur moi, & celles que j'emporte ? considérez cela, Mad. Jervis. Ouï, répondit-elle, ouï, ma chere étrange fille, que vous êtes. Eh bien donc, repris-je, je suis heureuse comme une Reine; je suis aussi riche, que je souhaite de l'être. Encore une fois donc, que je t'embrasse, mon troisieme cher paquet. Je vous prie Mad. Jervis, de ne rien dire de tout ceci, que je ne sois partie; de peur que mon maitre ne soit si en colere, que je ne puisse pas m'en aller en paix; car, sans parler des autres sujets de chagrin que j'ai, mon cœur sera prêt à se fendre lorsqu'il faudra que je me sépare de vous tous.

J'ai encore un sujet sur lequel il faut que

je vous entretienne un moment ; c'eſt la maniere dont mon maître m'a traitée derniere-
ment en préſence de Mr. Longman. Je
vous prie , ma chere Pamela , me dit-elle,
montez dans ma chambre , & allez-moi chercher un papier que j'ai laiſſé ſur ma table ;
il contient quelque choſe que je veux vous
montrer. J'y vais dans l'inſtant , lui dis-je,
mais je compris bien-tôt que ce n'étoit là
qu'un prétexte dont elle ſe ſervoit pour m'é-
loigner un moment , afin de pouvoir parler
à mon maître , & recevoir ſes ordres ſur
mon ſujet. J'appris enſuite de Mad. Jervis que
mon maître avoit penſé deux ou trois fois
ſortir du cabinet pour venir m'embraſſer;mais
il s'étoit retenu , & ſouhaitoit que je ne ſuſſe
pas qu'il avoit été là. Je revins ſi vîte , car
il n'y avoit point de papier ſur la table , que
je vis juſtement le dos de mon maître , qui
ſortoit de la chambre verte , & entroit dans
la chambre voiſine , dont la porte étoit ouverte. J'entrai promptement, & je fermai
la porte après moi , & la verrouillai : Oh !
Mad. Jervis , m'écriai-je , quel tour m'avez-
vous joué ! Je vois qu'il n'y a perſonne en
qui je puiſſe me fier. Je ſuis affligée de tous
côtés ! Malheureuſe ! malheureuſe Pamela ,
où trouveras-tu une amie, ſi Mad. Jervis
elle-même te trahit ainſi ? Elle me proteſta ſi
ſolemnellement qu'elle n'avoit eu au cun mau-

vais deſſein , que je lui pardonnai. Elle me
rapporta tout ce que mon maître lui avoit dit :
elle m'aſſura qu'il avoit avoué que je l'avois
obligé à s'eſſuyer les yeux deux ou trois fois ;
elle me dit qu'elle eſpéroit que cela produiroit
un bon effet , & elle me fit reſſouvenir , que
je n'avois rien dit, qui ne dût exciter ſa compaſſion , plutôt que ſon reſſentiment. Cela
me raſſura un peu. Mais helas ! quand ſerai-
je en ſûreté hors de cette maiſon ! Jamais
pauvre créature n'a été ſi tourmentée , que
je l'ai été depuis pluſieurs mois. On m'appelle pour deſcendre , de ſorte que je ſuis
obligée d'interrompre cet ennuyeux barbouil-
lage. Qu'arrivera-t-il encore à

Votre triſte mais obéiſſante PAMELA.

Mad. Jervis dit qu'elle eſt ſûre qu'on me
donnera le carroſſe pour m'en aller chez vous.
Quoique cela ſoit trop honorable pour moi ;
cela fera voir au moins , qu'on ne me chaſſe
pas tout-à-fait honteuſement. Le carroſſe de
voyage eſt arrivé du Comté de Lincoln ;
je m'imagine que c'eſt dans celui-là que j'i-
rai ; car l'autre eſt trop magnifique.

L E T T R E XXX.

Mes très-chers Pere & Mere,

JE vous écris encore, quoique peut-être je vous apporterai ma lettre moi-même. Car je me flatte que je n'aurai rien à écrire, ni le tems de le faire lorsque je serai chez vous. C'est aujourd'hui Mercredi, & j'espere de partir demain de grand matin : J'ai eu de nouvelles épreuves & de nouveaux chagrins, quoique d'une nature un peu différente de ceux que j'ai eus jusques ici, mais toujours de la part du même homme.

Hier mon maître m'envoya chercher, après qu'il fut revenu de la chasse. J'allai le trouver, mais j'étois dans de cruelles angoisses ; car je m'attendois qu'il tempêteroit, & qu'il seroit dans une furieuse colere contre moi, à cause de la liberté avec laquelle j'avois parlé. Je me résolus donc à tâcher d'apaiser sa colere par ma soumission : dès le moment que je le vis je me jettai à genoux, & lui dis, Je vous conjure par l'espérance que vous avez vous-même d'obtenir le pardon de vos péchés, & pour l'amour de ma chere & bonne maîtresse votre mere, qui par ses dernieres paroles m'a recommandée à vos soins, de me pardonner mes fautes ; & accordez-moi une

ſeule grace, la derniere que je vous demanderai ; c'eſt que je puiſſe ſortir de chez vous
en paix, & avec un eſprit tranquille, afin
que je puiſſe prendre congé de vos domeſtiques, qui me ſont tous extremement chers,
d'une maniere honorable, & que je ne quitte
pas votre maiſon avec un cœur pénétré d'un
mortel chagrin.

Il me relevá avecplus de bonté qu'il n'a-
voit jamais fait, & me dit, Fermez la porte,
Pamela, & entrez dans mon cabinet : je
veux avoir une converſation ſérieuſe avec
vous. Comment le puis-je croire, Monſieur ;
lui dis-je, en joignant les mains, comment
le puis-je ? Oh ! je vous prie, permettez-moi
de me retirer, je vous en conjure. Par le
Dieu qui m'a créé, reprit-il, je vous jure
que je ne vous ferai aucun mal. Fermez la
porte de la ſale, & entrez dans mon cabinet.

Là-deſſus il y entra ; c'eſt l'endroit où il
tient ſa bibliotheque, & où il a de très-beaux
tableaux : Quoiqu'on ne l'appelle qu'un cabinet, c'eſt pourtant une grande & magnifique chambre, qui donne ſur le jardin où l'on
entre par une porte vitrée. Je fermai la porte
comme il me l'ordonnoit, mais j'étois irré-
ſolue ne ſachant ſi je devois le ſuivre dans
le cabinet. Ayez quelque confiance en moi,
dit-il, vous le devez après le ſerment ſolem-
nel que je viens de faire. Je le ſuivis donc

en tremblant, & le cœur me battoit terriblement ; je marchois si lentement, qu'il me dit, Venez - donc quand on vous le commande. Ah ! mon cher Monsieur, dis je, ayez pitié de moi, épargnez-moi. Je vous le promets sur mon salut, reprit-il. Il s'assit dans un fauteuil, & me prit par la main en disant, ne me soupçonnez d'aucun mauvais dessein, Pamela ; dès ce moment je ne vous regarderai plus comme ma servante, & je souhaite que vous ne soyez pas ingrate pour la bonté que je vais vous témoigner. Cela m'encouragea un peu. Vous avez trop d'esprit & de bon sens, continua - t - il, en me tenant les deux mains dans les siennes, pour n'avoir pas découvert que malgré toute ma vanité, je ne saurois m'empêcher de vous aimer. Ouï, mon aimable fille, regardez-moi ; il faut que je vous avoue que je vous aime, & si je vous ai traitée durement, c'étoit contre mon inclination, & dans le dessein de vous obliger par la crainte à faire ce que je souhaitois. Vous voyez que je le confesse ingenuement ; & n'allez pas là - dessus employer contre moi les artifices si naturels à votre sexe.

J'étois dans l'impuissance de parler, tant ma confusion étoit grande ; & comme il me crut trop déconcertée pour continuer à parler sur le même ton, il changea de discours.

Eh bien , Pamela , dit-il , apprenez-moi dans quel état font les affaires de votre pere. Je fai qu'il eft pauvre , mais eft-il toujours auffi pauvre & auffi honnête homme que lorfque ma mere vous prit chez elle ?

Ce difcours me remit un peu. Je lui répondis la tête baiffée (car je fentois que mon vifage étoit rouge comme du feu) Ouï, Monfieur , toujours auffi pauvre , & auffi honnête homme , & c'eft de quoi je me glorifie. Je ferai quelque chofe pour lui , reprit-il , fi vous n'y mettez point d'obftacle , & je rendrai tous vos parens heureux. Ha ! Monfieur , lui dis-je , il eft plus heureux à préfent qu'il ne pourra jamais l'être , s'il faut que la vertu de fa fille foit le prix de vos faveurs ; & je vous conjure de ne me point parler de la feule chofe qui me perce le cœur. Je n'ai aucun mauvais deffein , reprit-il ; Oh ne dites pas cela , Monfieur, lui dis-je , ne dites pas cela. Il m'eft aifé , dit-il, d'établir votre pere , fans vous faire tort. Si cela fe peut , Monfieur , lui dis-je , apprenez-moi comment : & je m'étudierai à vous témoigner ma reconnoiffance par tout ce que je pourrai faire fans rifquer ma vertu. Mais qu'eft-ce qu'une pauvre créature comme moi peut faire pour vous fans violer fes devoirs ? Je fouhaite , reprit-il , que vous demeuriez encore huit ou quinze jours ici , & que vous vous conduifiez civilement,

envers moi; je m'abaisse jusques à vous en
prier, & vous verrez que tout réussira au-delà de vos espérances. Je comprends que vous
allez me répondre autrement que je ne souhaite, & je commence à être piqué de voir
que je sois obligé de m'abaisser jusqu'à vous
solliciter ainsi : Je vous avouerai cependant
que j'ai été charmé de la maniere dont vous
vous conduisîtes hier en préfence de Mr.
Longman, lorsque je vous traitai si mal, &
que vous auriez pu si aisément vous justifier.
Et quoique je n'aie pas été content de tout
ce que vous dîtes hier pendant que j'étois
dans le cabinet, cependant vous m'avez for-
cé à vous admirer plus que je ne faisois auparavant; je découvre maintenant plus de mérite en vous, que je n'en ai jamais trouvé
en aucune Dame de ma connoissance. Tous
les domestiques, depuis le premier jusques
au dernier, vous aiment passionnément, au
lieu de vous envier; ils se forment de grandes idées de vous, & ont pour vous un certain respect, qui fait voir ce que vous méri-
tez d'être un jour. Mais ce qui a sur-tout
achevé de me vaincre, continua-t-il, c'est
votre charmante maniere d'écrire, si naturelle & si aisée, & ces grands sentimens que
vous témoignez dans vos lettres, lesquels
sont si fort au-dessus de votre âge & de votre sexe; car j'ai vu de vos lettres plus que

vous ne penfez (cela me furprit) tout cela joint enfemble fait que je vous aime à l'ex-cès. Et maintenant, Pamela, puifque je m'a-baiffe jufques à faire cet aveu , faites - moi le plaifir de demeurer encore ici huit ou quinze jours, pour me donner le tems de régler certaines affaires, & vous verrez com-bien vous y trouverez votre compte.

Je tremblai en fentant que mon cœur com-mençoit à céder. Oh! mon cher Monfieur, lui dis-je, épargnez une pauvre fille, qui ne fauroit lever les yeux fur vous, ni prefque parler. Mon cœur eft prêt à fe fendre: pour-quoi voudriez-vous me perdre! Faites-moi feulement le plaifir, dit-il, de refter ici en-core une quinzaine de jours; j'ordonnerai à Jean d'aller avertir votre pere que je le ver-rai durant ce tems-là, ou ici, ou à l'enfeigne du Cigne dans fon village. Oh! Monfieur, dis-je, je n'y puis plus tenir ; je vous prie à genoux , je vous demande en grace de me laiffer partir demain, comme j'y étois réfo-lue. N'entreprenez point de tenter une pau-vre créature, qui n'auroit d'autre volonté que la vôtre, fi la vertu le lui pouvoit per-mettre. Elle le permettra, dit-il, car Dieu m'eft témoin que je n'ai aucun deffein de vous nuire. Cela eft impoffible, repris-je, je ne faurois vous croire, Monfieur, après ce qui s'eft paffé. Combien n'y a-t-il pas de moyens pour ruiner une pauvre fille ! Bon Dieu, protége-moi feulement cette fois, & conduis-moi en fûreté dans la cabane de mon pauvre pere ! Etrange & d....né fort ! s'écria-t-il, que je ne puiffe pas en être cru fur mes fermens les plus folemnels ! Que voudriez-vous que je cruffe, Monfieur, lui dis-je. Que puis-je croire ? Qu'avez-vous dit, fi ce n'eft qu'il faut que je refte encore quinze jours ici ? Et que deviendrai-je après ce temslà ? L'orgueil que ma naiffance & mes richeffes m'infpirent, dit - il (maudit foit cet orgueil, puifqu'il vous empêche de me croire, & ne fait qu'augmenter vos foupçons) cet orgueil ne fauroit plier tout d'un coup. Je ne vous demande que quinze jours, afin de vaincre la répugnance que ma fierté m'infpire.

Oh ! que mon cœur palpitoit ! je commençai à dire l'oraifon dominicale, car je ne favois ce que je faifois. Je ne veux point de vos chapelets, Pamela, dit-il, il me femble que vous devenez une parfaite religieufe.

Cela ne m'empêcha pas de dire à haute voix en levant les yeux au ciel. *Ne m'induis point en tentation, mais délivre-moi du malin, O Dieu.* Là-deffus il me prit entre fes bras, en difant, Eh bien, ma chere fille, vous demeurerez donc ici encore quinze jours, & vous verrez ce que je ferai pour vous ; je vais vous laiffer un moment, & faire un tour dans la

chambre voiſine afin de vous donner le tems
de réfléchir, & de vous montrer que je n'ai
point de mauvais deſſein. Voilà qui eſt d'aſſez bon augure, penſai-je en moi-même. ”

Il ſortit donc : je fus troublée de mille dif-
férentes penſées dans un moment. Tantôt je
ſongeois qu'il n'y auroit pas grand mal à reſter encore ou huit ou quinze jours, puiſque
j'aurois toujours Mad. Jervis avec moi. Mais
penſai-je enſuite, que ſai-je ce que je ferai capable de faire ? J'ai reſiſté à ſa colere, mais
peut-être que je me laiſſerai toucher par ſa
bonté. Comment y réſiſterai-je ? Je me flatte pourtant d'y réſiſter par le ſecours de la
même grace divine, en laquelle je me con-
fierai toujours. Mais, dis-je enſuite, que m'a-
t-il donc promis ? il mettra mon pere & ma
mere à leur aiſe. Cette penſée me charme,
mais il ne faut pas que je m'y arrête, de peur
qu'en l'agréant trop, elle ne cauſe enfin ma
ruine. Que peut-il faire pour une pauvre fille
comme moi ? A quoi ſa grandeur peut-elle s'abaiſſer ? Il parle de l'orgueil que ſa
condition lui inſpire, & de la vanité de ſon
cœur. Il faut que la tête lui ait tourné, ou
qu'il ait quelque mauvais deſſein, ſans quoi
il ne m'auroit pas parlé comme il a fait. Il
ne peut avoir d'autre but que celui de me
ſéduire. Il ne m'a rien promis : Mais je verrai ce qu'il fera, ſi je veux reſter encore

quinze jours. Ce tems n'eſt pas long, penſai-
je en moi-même, & je verrai au bout de
quelques jours comment il ſe conduira envers moi. Mais d'un autre côté, quand je
réfléchis ſur la diſtance extrême qu'il y a entre lui & moi, je ne vois rien à eſpérer: &
maintenant qu'il m'a fait une déclaration d'a-
mour, comme il l'appelle, dans toutes les
formes, il voudra ſans doute m'entretenir
ſur ce ſujet plus ouvertement qu'il n'a encore fait, & je ſerai peut-être moins capable
de lui réſiſter. Et d'ailleurs s'il n'avoit que
des vues honnêtes, pourquoi ne m'auroit-il
pas parlé en préſence de Mad. Jervis ? Là-
deſſus, l'odieux, l'affreux cabinet ſe préſenta
à mon eſprit ; je me rappellai le danger que
j'avois couru, & avec combien de peine j'y
avois échappé. Je conſidérai qu'il lui ſeroit
facile d'éloigner une autre fois Mad. Jervis
& toutes les ſervantes ; de ſorte qu'il pourroit achever ma ruine en beaucoup moins de
tems qu'il ne m'en demandoit à reſter chez
lui. Je me déterminai donc à m'en aller, à
confier tout à la providence, & à ne point
compter ſur mes propres forces. Quelle reconnoiſſance ne dois-je pas à Dieu pour m'a-
voir inſpiré cette réſolution, comme vous
l'allez voir !

     Juſtement comme j'en étois à cet endroit
de ma lettre, Jean m'a envoyé dire qu'il
alloit

alloit partir dans le moment pour vos quartiers ; c'eſt pourquoi je vous envoie par
lui ce que j'ai déja écrit, & j'eſpere que
demain au ſoir je vous demanderai votre
bénédiction dans votre pauvre , mais heureuſe demeure ; & que je vous dirai le
reſte de bouche : en attendant je ſuis &
ſerai toujours,

Votre tres-obéiſſante Fille.

LETTRE XXXI.

Mes très-chers Pere & Mere ,

JE continue encore à vous écrire, quoique j'apporterai ſans doute ceci avec
moi ; mais je ſerai peut-être bien aiſe de
le relire lorſque je ſerai chez vous, afin de
me ſouvenir toujours de quels dangers la
providence m'a délivrée.

Je vous ai dit la réſolution que je pris ;
heureuſe réſolution , comme j'ai toutes les
raiſons du monde de le croire ! Mon maître rentra bientôt ; & avec un regard plein
de bonté , je ne doute point , Pamela , me
dit il , que vous ne reſtiez encore quinze
jours pour m'obliger. Je ne ſavois quels
termes employer pour le refuſer ſans lui
faire jetter feu & flamme. Pardonnez , Mon-
I. Partie.   Q

fieur, lui dis-je, pardonnez à votre pauvre & affligée fervante. Il eft impoffible que je mérite de votre part aucune faveur qui foit compatible avec ma vertu; & je vous fupplie de me permettre de m'en aller chez mes pauvres parens. Ah! dit-il, tu es la plus grande fotte que je connoiffe. Je te dis, que je verrai ton pere, je l'enverrai chercher demain dans mon carroffe de voyage, fi tu veux, & je lui apprendrai ce que j'ai deffein de faire pour lui & pour toi. M'eft-il permis, Monfieur, lui dis-je, de vous demander ce que cela peut être. Vu les grands biens que vous avez, vous pouvez aifément le rendre heureux, & peut-être vous feroit-il de quelque utilité d'une maniere ou d'autre. Mais quel prix faut-il que je paye pour tout cela? Vous ferez auffi heureufe que vous le pouvez fouhaiter, répondit-il, je vous le promets. Je vous donne dès à préfent cette bourfe, où il y a cinquante guinées: j'en donnerai tous les ans autant à votre pere, & je lui trouverai quelque emploi qui fera à fon gré, & par lequel il en pourra gagner tous les ans autant, & même d'avantage. Je vous aurois donné une plus groffe fomme pour lui; mais peut-être que vous m'auriez foupçonné de quelque mauvais deffein. Oh! Monfieur, lui dis-je, reprenez vos guinées ; je n'en veux pas toucher une feule , & je fuis fûre que mon pere ne les acceptera pas non plus, jufques à ce qu'il fache ce qu'il faudra qu'il faffe pour les mériter, & fur tout ce que je deviendrai. Eh bien donc, Pamela, dit-il , fuppofé que je trouve un honnête homme , qui ait un bon emploi, & qui vous faffe Demoifelle le refte de vos jours, l'épouferez-vous. Je n'ai point befoin de mari , Monfieur, lui dis-je ; car alors je commençai à pénétrer fon noir deffein. Mais comme je me voyois dans fa puiffance , je crus devoir diffimuler un peu. Vous êtes fi jolie , reprit-il , que quelque part que vous alliez, vous ne ferez jamais hors de danger ; il y aura toujours quelqu'un qui tendra des piéges à votre vertu ; & je croirois mal répondre à l'exhortation de ma mere , qui en mourant m'a prié d'avoir foin de vous , fi je ne vous trouvois pas un mari qui puiffe protéger votre innocence & votre vertu ; & j'ai jetté les yeux fur un très - digne homme.

Oh ! l'infâme & le perfide ! dis-je en moi-même ; quel puiffant inftrument n'eft-il pas dans la main de Lucifer , pour caufer la perte d'une pauvre innocente ! Je diffimulai pourtant encore ; car je craignois & lui & le lieu où j'étois. A qui avez-vous penſé, Monſieur, lui dis-je? Au jeune M. Williams, répondit-il, qui eſt mon chapelain dans le Comté de Lincoln; il vous rendra heureuſe. Sait-il, Monſieur, repris-je, le deſſein que vous avez? Non, ma fille, répondit-il, (& il me baiſa malgré moi; car ſon haleine me paroiſſoit alors un vrai poiſon) mais le beſoin qu'il a de ma faveur, votre beauté, & votre mérite feront qu'il acceptera avec tout le plaiſir du monde la grace que je veux bien lui faire. Eh bien donc, Monſieur, lui dis-je, il y a encore aſſez de tems pour réfléchir là-deſſus, & cela ne ſauroit m'empêcher de m'en aller chez mon pere; quand je reſterois encore quinze jours qu'eſt-ce que cela produiroit par rapport à votre deſſein : vos ſoins & votre bonté peuvent me trouver chez mon pere, auſſi bien qu'ici; & je veux bien que Mr. Williams & toute la terre ſachent, que je n'ai point honte de la pauvreté de mes parens.

Il voulut me baiſer encore; mais je lui dis, s'il faut, Monſieur, que je ſonge à Monſieur Williams, ou à quelque autre, je vous prie de ne point prendre ces libertés avec moi; cela n'eſt pas décent. Eh bien, reprit-il, vous reſterez donc ici encore quinze jours, & durant ce tems-là je ferai venir Mr. Williams, & votre pere;

car je veux que le mariage se conclue chez moi ; lorsque tout sera réglé, vous le solemniserez quand vous jugerez à propos. En attendant, prenez toujours ces cinquantes guinées & envoyez-les à votre pere, comme un gage de ma faveur ; & je vous rendrai tous heureux. Monsieur, lui dis-je donnez-moi deux heures pour réfléchir là dessus. Deux heures ! reprit-il, je serai sorti dans moins d'une heure ; & je voudrois savoir votre résolution avant cela ; je voudrois aussi que vous écrivissiez à votre pere la proposition que je vous ai faite ; Jean portera votre lettre avec les cinquante guinées au bon homme, si vous y consentez. Monsieur, lui dis-je, je vous ferai savoir ma résolution dans une heure. Faites, reprit-il, & après m'avoir donné encore un baiser, il me laissa aller.

Oh ! que je fus charmée lorsque je me fus retirée d'entre ses pattes ! Je vous écris ceci, afin que vous puissiez savoir sur quel pié sont les choses. Je suis résolue de m'en aller, s'il m'est possible. Le lâche, le méchant, le traître qu'il est !

Ah ! quel piége étoit dressé à votre pauvre Pamela ! Je tremble quand j'y pense. Quelle suite de crimes ne me préparoit-on pas pour tout le reste de ma malheureuse vie ! Il vouloit d'abord, comme vous le comprendrez par cette lettre , me faire croire qu'il avoit de grandes vues pour moi. Et je m'imagine que la penſée de **Mr.** Williams ne lui vint dans l'eſprit , qu'après qu'il fut ſorti de ſon cabinet , pour ſonger en ſe promenant dans la chambre voiſine , comment il pourroit me tromper plus ſûrement: Mais ſes artifices étoient déſormais trop groſſiers pour n'être pas aperçus.

Je me retirai dans ma chambre , & la premiere choſe que je fis fut de lui écrire ; car je crus qu'il valoit mieux pour moi que je ne le viſſe plus , ſi je pouvois l'éviter. Je mis mon billet ſous la porte de ſa chambre , après l'avoir copié : voici ce que je lui écrivis.

« *Monſieur , mon très-honoré Maître.*

« La propoſition que vous venez de me
» faire me perſuade de plus en plus qu'il n'eſt
» pas à propos que je demeure plus long-tems
» chez vous ; mais qu'il faut que je m'en ail-
» le chez mon pere , ne fût-ce que pour lui
» demander conſeil au ſujet de Mr. Williams.
» Je ſuis ſi réſolue de m'en aller , que rien
» ne pourra me faire changer de deſſein. Ain-
» ſi, Monſieur, en vous remerciant très-hum-
» blement de toutes vos bontés , je partirai
» demain de grand matin. Mad. Jervis m'a

» dit que vous vouliez me faire l'honneur de
» me prêter votre carroſſe ; mais cela ne ſera
» pas néceſſaire : car je crois que je pourrai
» louer la chaiſe du fermier Nicolas. Je me
» flatte que vous ne prendrez pas ceci en
» mauvaiſe part. Je ſuis & ſerai toujours ,,

Votre très-humble & très-obéiſſante ſervante.

« Pour ce qui eſt , Monſieur, des cinquan-
» te guinées , je ſuis ſûre que mon pere ne
» me le pardonneroit jamais , ſi je les accep-
» tois , juſques à ce qu'il ſache comment je
» puis les mériter ; ce qu'il eſt impoſſible que
» je faſſe jamais. »

Il vient de m'envoyer dire dans ce moment par Mad. Jervis, que puiſque je ſuis
réſolue de m'en aller , il ne m'en empêchera
pas , & que le carroſſe ſera prêt ; mais que je
ne m'en trouverai que plus mal , parce qu'il
ne s'embarraſſera plus de moi tant qu'il vivra.
Je ne m'en ſoucie point, pourvu que je ſorte
de chez lui. Seulement j'aurois été bien aiſe ,
ſi j'avois pu , mes chers Pere & Mere , vous
rendre heureux, en conſervant mon innocence.

Je ne ſaurois m'imaginer pourquoi Jean ,
qui , à ce que je croyois, étoit parti avec ma
derniere, ne s'en va qu'à préſent. Il vient de

m'envoyer demander si j'ai quelqu'autre chose à vous faire tenir. Je finirai donc cette lettre, afin de vous l'envoyer avec la précédente

Je me prépare à préfent pour mon voyage,
& je vais prendre congé de tous les domeftiques. Je n'ai pas le tems d'écrire davantage ; je vous dirai le refte de bouche, lorfque je ferai fi heureufe que d'être chez vous.
Je fuis,

Votre très-obéiffante Fille.

J'ajouterai feulement que mon maître vient
de m'envoyer cinq guinées par Mad. Jervis,
Ce préfent me rend fort riche. Car comme
c'eft Mad. Jervis qui me l'a apporté, j'ai cru
pouvoir l'accepter. Il dit qu'il ne me veut
point voir, & que je pourrai partir dès le
matin auffi-tôt que je voudrai. C'eft le cocher qui eft venu du Comté de Lincoln,
qui doit me conduire. Mais mon maître eft
fi en colere, qu'il ne veut pas permettre
qu'aucun des domeftiques me conduife jufqu'au carroffe, ni même jufqu'à la grande
cour. Je ne faurois qu'y faire ; mais cela ne
lui fait-il pas plus de tort qu'à moi ?

Jean attend ma lettre. Je voulois vous
l'apporter avec l'autre ; mais il dit qu'il l'a
mife parmi d'autres paquets, & qu'il peut
auffi bien vous les porter toutes deux.

Ce Jean eft un bon & honnête garçon :
je

je lui ai beaucoup d'obligation ; & maintenant
que je suis si riche, je lui offrirois une Guinée,
si je croyois qu'il voulût l'accepter. Je n'entends point parler des hardes de ma maîtreffe, ni de celles que mon maître m'avoit données ; car j'avois dit à Mad. Jervis que je ne
voulois point les emporter. Mais je juge par
deux ou trois mots qui lui font échappés,
qu'on me les enverra. Si cela est, Ciel !
quelle riche Pamela, vous aurez chez
vous ! Mais comme je ne puis pas les porter,
je ne me foucie gueres qu'on me les envoie
ou non. Si on le fait, je les vendrai à mefure
que j'en trouverai l'occafion, afin d'avoir
quelque argent. Mais finiffons, car j'ai pro-
digieufement d'affaires avant que de partir.

Il faut remarquer ici que les épreuves de
la belle Pamela n'étoient pas encore finies :
les plus rudes étoient encore à venir, précifément lorfqu'elle fe croyoit entierement délivrée, & qu'elle fe flattoit qu'elle alloit retourner chez fon pere : car fon maître, trou-
vant que rien ne pouvoit vaincre la vertu de
cette aimable fille, & ayant inutilement tâché de furmonter la paffion qu'il avoit pour
elle, forma une réfolution affez étrange. Ce
fut de l'envoyer dans la maifon qu'il avoit
proche de Lincoln, dans l'efpérance que l'efclavage où il fe propofoit de la tenir, la for-

I. Partie.   R

ceroit enfin à se rendre. Pour cet effet il fit venir du Comté de Lincoln un cocher qu'il y tenoit, n'osant pas se fier à son cocher ordinaire, qui, comme tous ses autres domestiques, avoit beaucoup d'amitié pour Pamela. Il donna secretement ses ordres à ce cocher venu de Lincoln ; & sous prétexte de témoigner à Pamela le ressentiment qu'il avoit de la maniere dont elle s'étoit conduite envers lui, il défendit à tous ses domestiques de l'accompagner. Dès qu'elle fut montée en carrosse le cocher la conduisit pendant cinq milles dans la route qui menoit chez son pere ; mais ensuite il tourna bride, & prit le chemin de Lincoln.

Il faut savoir aussi que le messager si officieux, qui portoit les lettres de Pamela à son pere, & qui faisoit semblant d'avoir si souvent occasion d'aller en ces quartiers-là, la trahissoit par ordre de son maître, à qui il donnoit toutes ses lettres ; le maître les lisoit toujours avant que de les envoyer à son pere ; par ce moyen il découvroit tout ce qu'elle écrivoit, comme il le lui insinue lui-même, ainsi qu'on l'a vu ci-dessus : de sorte que cette pauvre fille se trouvoit assiégée de tous côtés. On verra par la suite de cette histoire, de quels lâches artifices des hommes entreprenans peuvent se servir pour arriver à leur but tout criminel qu'il est, & combien

le beau fexe doit être fur fes gardes contre
eux , principalement lorfque les richeffes &
le pouvoir confpirent enfemble contre l'innocence & la pauvreté.

Il faut ajouter encore quelque chofe afin
que l'on comprenne mieux la fuite de ces
lettres. Le maître de Pamela jugea à propos
de ne point envoyer à fon pere fes trois dernieres lettres , dans lefquelles elle lui raconte comment fon maître fe cacha dans le cabinet , afin d'être témoin du partage qu'elle
vouloit faire de fes hardes , & où elle parle
des inftances qu'il fit pour l'engager à refter
encore quinze jours chez lui , & de la pro-
pofition qu'il lui fit d'époufer fon Chapelain.
Au lieu donc d'envoyer les lettres de Pamela à fon pere , il lui en écrivit lui-même une
en ces termes.

« *Maître Andrews* ,

» Vous ferez fans doute furpris de recevoir
» une lettre de moi. Mais je crois devoir
» vous apprendre que j'ai découvert qu'il y
» a entre vous & votre fille un étrange com-
» merce de lettres , dans lequel on n'a gue-
» res ménagé mon honneur ni ma réputation.
» Il me femble que vous n'auriez pas dû en-
» courager votre fille à écrire de cette ma-
» niere , jufques à ce que vous fuffiez bien af-
» furé que ces médifances , qu'elle répand fi

» abondamment contre moi sont bien fon-
» dées. Il y a peut-être quelque chose de
» vrai dans ce qu'elle vous a écrit de tems à
» autre : mais croyez-moi, malgré toute sa
» prétendue simplicité, & son innocence af-
» fectée, je n'ai jamais vu de ma vie une fil-
» le d'un esprit si romanesque. En un mot la
» tête lui a tourné par la lecture des romans,
» & d'autres livres semblables, à quoi elle
» s'est livrée toute entiere depuis la mort de
» sa bonne maîtresse : elle se donne des airs,
» comme si elle étoit un modele de perfec-
» tion, & elle s'imagine que tout le monde
» lui en veut.

« Ne prenez pourtant pas mal ma pensée.
» Je crois votre fille très-honnête & très-
» vertueuse : mais j'ai découvert aussi, qu'el-
» le avoit une espece de correspondance ou
» d'intrigue avec un jeune Ecclésiastique, à
» qui je me propose de donner un bénéfice
» avec le tems, mais qui n'a encore aucun
» établissement, & ne vit que de ce que je
» veux bien lui accorder. Jugez quelles en
» seroient les conséquences, si ces jeunes
» gens qui n'ont aucun bien, venoient à se
» marier, & à avoir une nombreuse famille
» sans un morceau de pain, pour l'entre-
» tenir.

» Pour moi, j'ai tant d'amitié pour l'un
» & pour l'autre, que je veux tâcher de pré-

» venir ce malheur si je puis : c'est pourquoi
» j'ai éloigné votre fille de son amant pour
» un tems, dans l'espérance qu'ils viendront
» tous deux à reconnoître leur folie. Ne
» soyez donc pas surpris, de ne pas voir ar-
» river votre fille aussi-tôt que vous vous y
» étiez attendu.

» Cependant je vous donne ma parole
» d'honneur, qu'elle sera en sûreté, & qu'on
» n'entreprendra rien contre sa vertu. Je me
» flatte que vous ne me soupçonnerez d'au-
» cun mauvais dessein, malgré tout ce qu'elle
» s'est donné les airs de vous écrire au sujet
» de mon petit badinage, & des libertés inno-
» centes que je puis avoir prises avec elle, &
» qui sont si ordinaires parmi de jeunes gens
» des deux sexes, qui ont été élevés ensem-
» ble, & qui se connoissent depuis long-
» tems : car je vous assure que l'orgueil n'est
» pas mon vice.

» Comme elle est toujours occupée à écri-
» re des lettres, je compte qu'elle vous au-
» ra appris son intrigue avec le jeune Ecclé-
» siastique : je ne sai si vous l'approuvez ou
» non. Mais maintenant qu'elle sera absente
» de lui pour quelque tems (car je sai qu'il
» l'auroit suivie jusques dans votre village ,
» si elle étoit retournée chez vous , & peut-
» être qu'ils se feroient rendus tous deux
» malheureux pour toujours en s'époufant)

R iij

» je ne doute point que je n'engage le jeune
» homme à ouvrir les yeux sur ses propres in-
» térêts , & à ne se pas marier qu'il n'ait de
» quoi entretenir une femme : quand cela se-
» ra , qu'ils se marient ensemble , s'ils le ju-
» gent à propos ; je ne m'y opposerai point.

» Je n'attends d'autre réponse de vous, si
» ce n'est que vous ayiez bonne opinion de
» moi , & que vous vous repofiez sur ma
» parole d'honneur. Je suis

Votre bon ami.

« P. S. J'ai découvert que mon valet
» Jean a été le porteur de ces lettres , dans
» lesquelles on s'est donné tant de libertés sur
» mon sujet; je lui donnerai dans peu des mar-
» ques de mon ressentiment. C'est une cho-
» se bien fâcheuse qu'un homme de ma répu-
» tation soit traité d'une maniere si indécen-
» te par ses propres domestiques.

On conçoit aisément dans quelle inquiétude la lecture de cette lettre jetta le bon
vieillard , surtout venant d'un gentilhomme
de si grande considération. Il ne savoit quel
parti prendre ; il ne doutoit nullement de l'innocence de sa pauvre fille , & il se persuadoit
qu'on avoit quelque mauvais dessein contre
elle. Tantôt il se flattoit qu'il n'en étoit rien ,
& il étoit assez disposé à croire que l'intrigue

dont on lui parloit étoit réelle ; car il n'avoit pas reçu les dernieres lettres de sa fille, qui auroient éclairci tout.

Il se résolut enfin, pour tranquillifer son esprit & celui de sa femme, d'aller chez le gentilhomme ; & après avoir prié sa femme de faire ses excuses au fermier qui l'employoit, il partit le même soir, quoiqu'il fût fort tard, & ayant marché toute la nuit, il se trouva dès la pointe du jour à la porte du gentilhomme, avant que perfonne fût levé : il s'affit pour se repofer, en attendant que qnelqu'un parût.

Les premiers qu'il vit furent les Palefreniers, qui alloient abreuver leurs chevaux. Il leur demanda d'un ton fi pitoyable, qu'étoit devenue Pamela, qu'ils crurent qu'il étoit fou. Que voulez-vous de Pamela, vieux radotteur ? lui dirent-ils. Otez-vous du chemin des chevaux. Où eft votre maître, dit le bon vieillard ; ne vous fâchez pas, Meffieurs, je vous prie ; je fuis dans une cruelle détreffe. Mon maître, dit un des palefreniers, ne donne jamais rien à la porte ; ainfi vous ne ferez que perdre vos peines. Je ne fuis pas encore un mendiant, reprit le pauvre homme ; je n'ai rien à demander à votre maître, que ma Pamela. Oh ! mon cher enfant ! mon cher enfant !

Que je meure, dit l'un deux, fi ce n'eft

pas là le pere de Mademoiselle Pamela. En vérité, en vérité, je le suis s'écria-t-il, en levant les mains au Ciel, & en versant un torrent de larmes. Où est mon enfant? Où est ma Pamela? Comment, où est Pamela? dit l'un de ces valets; elle est retournée chez vous: depuis quand êtes vous parti? Je ne suis parti qu'hier au soir, répondit - il, & j'ai marché toute la nuit. Monsieur est-il au logis, ou n'y est-il pas? Il y est, lui dit-on, mais il n'est pas encore levé. Dieu en soit beni, Dieu en soit beni mille fois, s'écria-t-il; je me flatte donc qu'il me sera permis de lui parler bien-tôt. Les Palefreniers le prierent d'entrer dans l'écurie pour se reposer; ce qu'il fit, & il fut s'asseoir sur l'escalier, en s'essuyant les yeux, mais en soupirant si tristement, qu'il faisoit pitié à tous ceux qui étoient-là.

Dès que les domestiques furent levés, le bruit se répandit dans toute la maison que le pere de Pamela étoit venu demander de ses nouvelles. Les servantes vouloient le faire entrer dans la cuisine; Mais Mad. Jervis ayant appris son arrivée, se leva à la hâte, & descendit dans la sale-basse où elle le fit venir.

Il lui raconta le sujet de sa tristesse, & lui lut la lettre qu'il avoit reçue. Elle pleura amerement, & voulut cependant tâcher de lui cacher fon inquiétude. Je ne faurois, dit-elle , m'empêcher de pleurer en voyant l'affliction où vous êtes ; je me flatte pourtant que vous n'en avez point de fujet. Mais prenez garde , je vous prie, que perfonne ne voie cette lettre. Je fuis perfuadée que votre fille eft en fûreté.

Je vois pourtant , Madame , dit-il , que vous n'avez point de fes nouvelles , & que vous ne favez pas ce qu'elle eft devenue. Si l'on n'avoit que de bons defſeins , il eft impoffible qu'une auffi vertueufe Dame comme vous , n'en fût pas quelque chofe : & vous penfiez fans doute qu'elle étoit chez moi.

Mon maître, dit-elle , n'informe pas toujours fes domeftiques de tous fes defſeins. Mais vous ne devez point le foupçonner , puifqu'il vous a donné fa parole d'honneur , & vous voyez qu'il ne fauroit avoir aucun mauvais deſſein, puifqu'il n'a pas bougé d'ici, & qu'il ne parle pas même de fortir. Ah ! s'écria-t-il , c'eft-là ce qui me raffure un peu , mais auffi c'eft tout. Mais ajouta-t-il , ... Il alloit continuer , lorfque le gentilhomme ayant appris qu'il étoit venu , defcendit en robe-de-chambre & en pantoufles dans la fale , où Mad. Jervis & lui étoient.

Qu'y a-t-il maître Andrews? dit-il , qu'y a-t-il ? Oh ! ma fille , s'écria le bon vieillard , donnez-moi ma fille, je vous en conjure, Monfieur. Comment, dit le gentilhomme, je croyois vous avoir tranquillifé fur fon fujet. N'avez-vous pas reçu une lettre que je vous ai envoyée, écrite de ma propre main ! Ouï, ouï, répondit-il, je l'ai reçue, & c'eft ce qui m'amene ici, j'ai marché toute la nuit. Pauvre homme, reprit l'autre avec une compaffion apparente, j'en fuis véritablement fâché. Votre fille a caufé un bruit étrange chez moi : mais fi j'avois cru que vous euffiez pris fi fort à cœur ce que j'ai fait, je lui aurois permis d'aller chez vous ; mon deffein n'étoit pourtant que de lui rendre fervice, & à vous auffi. Elle eft tout à fait en fûreté , maître Andrews, je vous ledéclare fur mon honneur : je ne voudrois pas pour tous les biens du monde lui faire le moindre outrage. Croyez-vous que je le vouluffe , Mad. Jervis : Je me flatte que non, Monfieur, répondit-elle. *Vous vous flattez que non* , Dit le bon vieillard : & moi auffi. Mais, Monfieur, ajouta-t-il, donnez-moi mon enfant, c'eft tout ce que je demande ; & j'aurai foin qu'aucun Eccléfiaftique n'approche d'elle.

Londres eft bien loin d'ici, reprit le gentilhomme, & je ne faurois envoyer chercher votre fille fur le champ. Quoi donc ! dit Andrews, avez-vous envoyé ma pauvre Pamela à Londres ? Je ne voudrois pas qu'on le di-

vulguât, répondit Mr. B.... mais je vous dé-
clare fur mon honneur, qu'elle eft en parfaite
fûreté, & très-contente; dans peu de tems elle
vous le fera favoir elle-même par lettre. Je
vous affure qu'elle eft chez des gens d'honneur : c'eft chez un Evêque ; elle fervira fa
femme, jufques à ce que cette affaire, dont
je vous ai parlé, foit finie.

Oh! Comment faurai-je que cela eft vrai?
s'écria-t-il. Quoi! reprit le gentilhomme en
faifant femblant d'être en colere, doutez-
vous de ma véraeité? Penfez-vous que je
puiffe avoir quelque deffein contre votre fille? Et fi j'en avois, croyez-vous que je vouluffe m'y prendre de cette maniere pour arriver à mon but? Vous ne fongez pas, mon
ami, à qui vous parlez. Oh! mon cher Monfieur, dit le vieillard, je vous demande pardon: mais confidérez qu'il s'agit de ma chere
fille. Dites-moi feulement chez quel Evêque
elle eft; & j'irai à Londres pieds nuds pour
voir mon enfant; & alors je ferai content.

Je penfe, maître Andrews, dit Mr. B....
que tu as lu des romans, auffi-bien que ta
fille, & ils t'ont renverfé la cervelle. Ne puis-
je pas en être cru fur ma parole? Je vous dis
encore une fois, que je ne voudrois pas faire
le moindre tort à votre fille? Quelle apparence y a-t-il? Je vous prie, mon ami, confidérez un peu qui je fuis. Et fi vous ne voulez

pas me croire, qu'eſt-il beſoin de diſputer plus long-tems ? Ah ! mon cher Monſieur, dit Andrews, pardonnez-moi mon importunité; mais quel mal y auroit-il à me dire, chez quel Évêque elle eſt, & où il demeure ? Quoi donc, reprit le gentilhomme, vous voudriez donc aller embarraſſer ſa Grandeur de vos ridicules frayeurs, & de vos contes impertinens. Serez-vous ſatisfait ſi votre fille vous écrit au bout d'une ſemaine, ou même plutôt encore, pourvu qu'elle ne ſoit pas pareſſeuſe, & qu'elle vous aſſure, que tout va bien, & qu'elle eſt hors de danger ? Cela ſeroit au moins, répondit le bon homme, une conſolation pour moi. Et bien reprit Mr. B.... je ne ſaurois être reſponſable de ſa pareſſe, ſi elle ne vous écrit point ; mais elle vous enverra une lettre à vous, Mad. Jervis, je ne ſouhaite pas de voir ce qu'elle vous écrira; je n'ai déja eu que trop d'embarras & de chagrin à ſon occaſion ; & ne manquez pas d'envoyer ſa lettre par un exprès à maître Andrews, dès le moment que vous l'aurez reçue. Je n'y manquerai pas, Monſieur, dit-elle. Je vous rends grace, mon cher Monſieur, reprit le vieillard : il faudra donc que j'attende avec toute la patience qui me ſera poſſible pendant une ſemaine, qui me paroîtra une année entiere.

Je vous aſſure, dit le gentilhomme, que

ce fera fa propre faute , fi elle ne vous écrit
pas : car je lui ai ordonné expreffément de le
faire , ne fût-ce que pour l'amour de ma propre réputation : & je vous promets que je ne
fortirai point de la maifon , que vous n'ayiez
eu de fes nouvelles , & des nouvelles qui
vous tranquillifent. Dieu vous beniffe , dit le
bon homme , fi ce que vous dites eft vrai.
Amen , amen , reprit Mr. B . . . . vous voyez
que je ne crains pas de dire *Amen*, à votre fouhait , tout conditionnel qu'il eft. Mad. Jervis,
ajouta-t-il , traitez ce bon homme du mieux
que vous pourrez , & qu'on ne faffe point
d'éclat fur tout ceci. Il lui commanda tout
bas de donner deux guinées au vieillard pour
défrayer fon voyage, & de lui dire qu'il pouvoit demeurer, s'il vouloit, jufques à ce que
la lettre fût arrivée ; & qu'il feroit lui-même
témoin des bonnes intentions de fon maître , qui ne fortiroit pas de chez lui de quelque tems.

Le bon homme dîna avec Mad. Jervis ,
ayant l'efprit un peu plus tranquille que lorfqu'il étoit parti de chez lui, dans l'efpérance
de recevoir dans peu de jours des nouvelles
de fa chere fille. Et après avoir accepté le
préfent de Mr. B . . . . il s'en retourna chez
lui, réfolu de prendre patience pour quelque tems.

Cependant Mad. Jervis & tous les domeftiques étoient dans une très-grande affliction du tour qu'on avoit joué à la pauvre Pamela. Elle & le maître d'hôtel en parlerent à Mr. B.... dans les termes les plus touchans qu'ils oferent employer : mais ils furent obligés de fe contenter des affurances générales qu'il leur donna de la pureté de fes intentions. Mad. Jervis n'y ajouta pourtant pas beaucoup de foi, à caufe de ce prétendu commerce de Pamela avec le jeune Eccléfiaftique, dont il parloit dans fa lettre à Andrews, & qu'elle favoit être entierement faux, quoiqu'elle n'ofât pas le dire.

La femaine après que Pamela fut partie, fes amis furent un peu tranquillifés fur fon fujet par une lettre qu'un inconnu apporta, & qui étoit adreffée à Mad. Jervis. On verra dans la fuite de cette hiftoire, comment Pamela fut engagée à écrire cette lettre, qui étoit en ces termes.

Ma chere Mad. Jervis ,

« J'ai été *vilainement trompée*, & au lieu » d'être conduite chez mon cher pere, *Ro-* » *bert* m'a menée dans un endroit, qu'on ne » me permet pas de nommer. Cependant *à* » *tout prendre* , on ne me traite pas durement » à préfent. Je vous écris ceci pour vous » prier de faire favoir à mon pere & à ma » mere (qui fans doute doivent être pref-

» que morts de chagrin) que je me porte
» bien, & que je fuis & ferai toujours, par la
» grace de Dieu, leur très-obéiffante& ver-
» tueufe fille ; comme je fuis

Votre très-obligée fervante,

Pamela Andrews.

» Il ne m'eſt permis ni de dater ma lettre, ni de
» nommer l'endroit d'où je l'écris. *Ceci eſt*
» *le feul tems que ma pauvreté m'ait jamais*
» *été à charge, puifqu'elle eſt caufe de toutes*
» *les craintes & de toutes les frayeurs que*
» *j'ai eues. Je vous affure de mon amitié,*
» *auffi bien que tous les autres domeſtiques.*
» *Adieu, adieu ; mais priez Dieu pour la*
» *pauvre* Pamela. »

On fit voir cette lettre à tous les domeſtiques ; & quoiqu'elle ne fût pas capable de diffiper toutes leurs appréhenfions,
elle les raffura pourtant un peu. Mr. B. .
.. lui-même fit femblant d'ignorer par quelle voie cette lettre avoit été apportée. Mad.
Jervis l'envoya d'abord aux bonnes gens,
qui, à la premiere vue, foupçonnerent que
ce n'étoit pas l'écriture de leur fille, &
que la lettre étoit fuppofée. Mais s'étant
bientôt convaincus du contraire, ils fe tran-
quilliferent un peu, en apprenant que leur

chere fille étoit encore en vie & fe portoit bien. Il demanderent confeil à tous leurs amis pour favoir ce qu'il y avoit à faire dans un cas fi particulier. Mais comme perfonne ne favoit que leur confeiller, fur tout puifqu'il s'agiffoit d'un gentilhomme auffi riche & auffi entreprenant que Mr. B.... & craignant, que s'ils faifoient du bruit, cela ne fît qu'empirer la condition de leur fille (car fa lettre leur faifoit affez comprendre qu'elle n'étoit point chez un Evêque, comme on avoit voulu le leur faire accroire, ce qui les fit douter de tout ce qu'on leur avoit dit fur fon fujet) ils s'appliquerent à prier Dieu pour leur pauvre fille, & à lui demander qu'il voulût bien faire finir heureufement cette trifte affaire qui les mettoit prefque au défefpoir.

Nous les laifferons occupés à la priere, pour reprendre l'hiftoire de Pamela, qu'elle a écrite en forme de Journal, pour s'amufer dans fa folitude, dans l'efpérance qu'il fe préfenteroit quelque occafion de l'envoyer à fes parens : & auffi, ce qui étoit la vue qu'elle fe propofoit dans toutes fes lettres, afin qu'elle pût dans la fuite réfléchir avec reconnoiffance fur les dangers dont elle avoit échappé, lorfque fes malheurs feroient finis, ce qu'elle efpéroit qui arriveroit bientôt : alors elle fe propofoit

soit d'examiner avec soin la conduite qu'elle avoit tenue dans ces dangers, afin de s'en réjouir, si elle la trouvoit conforme aux regles de la vertu, ou de la condamner & de s'en repentir, si elle trouvoit qu'elle eût manqué en quelque chose.

LETTRE XXXII.

Oh! mes très-chers Pere & Mere ,

QUe je vous écrive, & que je déplore mon triste sort, quoique je n'aie aucune espérance de pouvoir vous faire tenir ma lettre! Tout ce que je puis faire maintenant, c'est d'écrire, de pleurer, de craindre, & de prier Dieu. Mais que puis-je espérer, puisque je semble être condamnée à devenir la victime d'un méchant & cruel infracteur de toutes les loix divines & humaines! O Dieu des miséricordes, pardonne-moi la défiance & le désespoir où je suis : ne permets pas que je peche contre toi, car tu connois ce qui est le plus utile pour ta pauvre servante. Mais puisque tu ne souffres pas que tes créatures soient tentées au-delà de ce qu'elles peuvent supporter, je me résignerai à ta volonté! Je me flatte encore, quelque désespéré que mon état paroisse, que, puisque je ne me fuis pas expofée moi-même à ces épreuves, puifqu'elles ne font point l'effet de ma préfomption ni de ma vanité, Dieu me fera la grace de les furmonter, & il m'en délivrera lorfqu'il le jugera à propos.

C'eft ainfi que je prie Dieu, mais d'une maniere bien imparfaite; les craintes & les alarmes où je fuis me faifant prefque perdre l'efprit. Oh! mes chers parens, joignez vos prieres aux miennes. Mais helas! comment puis-je vous faire connoître la terrible fituation de votre pauvre fille? L'infortunée Pamela peut être perdue (ce qu'à Dieu ne plaife, puiffé-je plutôt perdre la vie) avant que vous ayiez appris fon malheureux fort.

Oh! la méchanceté, les ftratagêmes, les artifices fans exemple, de ceux qui s'arrogent le titre de gentilshommes, & qui renverfent les deffeins de la providence, en employant à leur propre perte, & à la ruine de l'innocence qu'ils oppriment, les biens qui leur avoient été accordés dans de tout autres vues!

Je veux vous écrire tout ce qui m'eft arrivé; mais comment recevrez-vous mes lettres? Car je n'ai plus Jean, cet honnête homme, pour vous les porter; & il y a apparence qu'on m'obfervera fort étroitement, jufques à ce que mon cruel maî-

tre ait trouvé le moyen d'exécuter ſes criminels projets à ma ruine. J'écrirai pourtant tous les jours ce qui m'arrivera, dans
l'eſpérance de trouver quelque voie pour
vous faire tenir ces triſtes lettres : cependant ſi vous les recevez, elles ne feront
qu'augmenter votre inquiétude ; car helas !
que peuvent de pauvres gens comme vous
contre des hommes riches & puiſſans, qui
ſont déterminés à opprimer l'innocence ?

Quoi qu'il en ſoit, je vais écrire ce que
je me flattois de vous dire au bout de quelques heures, lorſque je croyois aller recevoir
votre bénédiction, après avoir été délivrée
de tant de dangers & de tant de troubles.

Je commencerai mon hiſtoire depuis la
derniere lettre que je vous écrivis ; & je
continuerai ce récit à meſure que j'en trouverai l'occaſion ; quoique, comme je l'ai
dit, je ne ſache pas comment vous le faire
tenir.

Le Jeudi matin ſi long-tems ſouhaité,
& auquel je devois partir, arriva enfin. J'a-
vois pris congé de tous les domeſtiques
dès la veille ; les adieux furent fort triſtes
de part & d'autre : car les valets auſſi bien
que les ſervantes pleurerent beaucoup en ſe
ſéparant de moi. Pour moi je fondois en
larmes en voyant les tendres marques d'eſtime qu'ils me donnoient tous. Ils voulurent

tous me faire de petits préfens en témoignage de leur amitié. Mais je ne voulus rien
accepter des domeftiques inférieurs. Mr.
Longman me fit préfent de quelques au-
nes de toile de Hollande, d'une tabatiere
d'argent, & d'une bague d'or, qu'il me pria
de porter pour l'amour de lui. Il pleura en
me la donnant : Je fuis perfuadé, me dit-
il, que Dieu benira une fille auffi vertueufe que vous ; & quoique vous retourniez
chez votre pauvre pere, pour partager de
nouveau fa baffeffe & fon indigence, la
providence faura bien vous y trouver ; elle
vous récompenfera un jour, quoique peut-
être je ne vivrai pas affez long-tems pour
en être le témoin.

O mon cher monfieur Longman, lui
dis-je, vous me rendez trop riche & trop
vaine. Il faut pourtant que je vous demande encore une grace. J'aurai fouvent envie d'écrire (je ne penfois guere que ce
dût être fi tôt mon unique occupation) je
vous prie donc de me donner quelques feuilles de papier ; & dès que je ferai chez mon
pere, je vous écrirai une lettre pour vous
remercier de toutes vos bontés ; j'écrirai
auffi à la bonne Mad. Jervis.

Ce fut un bonheur pour moi de lui avoir
fait cette priere, fans cela je n'aurois eu de
papier qu'autant que mon auftere & bour-

rue gouvernante, car c'eſt ainſi que je puis l'appeller, l'auroit jugé à propos : au lieu que maintenant je puis écrire pour ſoulager mon chagrin, quoique je ne puiſſe pas vous envoyer mes lettres. Je puis même écrire ce qu'il me plaît ; car elle ne ſait pas que je ſuis ſi bien pourvue de tout ; Mr. Longman m'ayant donné plus de quarante feuilles de papier, une douzaine de plumes, & une petite bouteille d'encre, que j'ai enveloppées dans du papier & miſes dans ma poche : il m'a donné auſſi de la cire & des pains à cacheter.

O mon cher Monſieur, lui dis-je, vous m'avez tout-à-fait établie ; comment vous témoignerai-je ma reconnoiſſance ? Par un baiſer, ma belle Demoiſelle, dit-il. Je le lui donnai volontiers, car c'eſt un très-bon vieillard.

Rachel & Anne pleurerent amerement, lorſque je pris congé d'elles. Jeanne, qui eſt quelquefois d'aſſez mauvaiſe humeur, & Cecile verſerent auſſi des larmes, & dirent qu'elles prieroient Dieu pour moi. Mais je crains que la pauvre Jeanne ne ſoit gueres accoutumée à prier Dieu pour elle-même : elle n'en eſt que plus digne de compaſſion.

Arthur le jardinier, Robert le cocher, & l'autre cocher (il porte le même nom) qui eſt venu du Comté de Lincoln, & qui devoit me conduire, me firent auſſi beaucoup d'honnêtetés, & ils avoient tous les larmes aux yeux. Cela me parut de très-bon naturel dans le cocher de Lincoln, qui ne me connoiſſoit que très-peu. Mais j'ai compris depuis, qu'il n'avoit que trop de raiſon d'être affligé, puiſqu'il avoit déja ſes inſtructions, & qu'il ſavoit qu'on devoit ſe ſervir de lui pour me tromper.

Les trois autres laquais, Henri, Iſaac, & Benjamin, les valets d'écurie, & les palefreniers parurent tous très-affligés. Il n'y eut pas juſqu'au pauvre petit marmiton Thomas, qui ne fondît en larmes.

Tous ces domeſtiques s'étoient raſſemblés le ſoir pour prendre congé de moi, comptant que le matin ils ſeroient occupés à leur ouvrage. Ils me prierent tous de leur donner la main ; je baiſai les ſervantes ; je priai Dieu qu'il répandît ſes bénédictions ſur eux tous ; & je les remerciai de l'amitié & des bontés qu'ils avoient eues pour moi. Mais en vérité, je fus obligée de les quitter plutôt que je n'aurois voulu : car il me fut impoſſible d'y tenir plus long-tems : & ce que je n'aurois jamais cru, Henri, qui paſſe pour être un peu dur & farouche, pleuroit juſqu'à ſanglotter. Le pauvre Jean n'étoit pas encore revenu de chez vous. Mais pour Mr. Jonathan le ſommelier, il lui fut impoſſible de foutenir cette fcene. Je croyois vous en dire bien plus fur ce fujet, mais mon efprit eft tout occupé de chofes plus triftes encore.

La pauvre Mad. Jervis pleura toute la nuit. Je la confolai du mieux qu'il me fut poffible. Elle me fit promettre, que, fi mon maître alloit à Londres lorfque le Parlement s'affembleroit, ou à fa maifon de Lincoln, j'irois paffer une femaine avec elle. Elle voulut me donner de l'argent, mais je ne jugeai pas à propos de l'accepter.

Le lendemain matin je fus furprife de ne point voir Jean; car je me propofois de prendre congé de cet honnête garçon, & de le remercier de la civilité qu'il nous avoit toujours témoignée à vous & à moi. Mais je m'imaginai que mon maître l'avoit envoyé plus loin, de forte qu'il ne pouvoit pas encore être de retour; je priai donc qu'on lui fît mes complimens.

Lorfque Mad. Jervis vint triftement m'avertir que le carroffe, auquel on avoit attelé quatre chevaux, étoit prêt, je penfai tomber en foibleffe, quoique je defiraffe ardemment d'être avec vous.

Mon maître étoit en haut, & ne demanda point à me voir. J'en fus bien aife dans le fond: mais il favoit bien le traître, que je ferois toujours en fon pouvoir. O Ciel! défends-moi contre fa méchanceté & fes criminels deffeins.

On ne permit à aucun des domestiques de me conduire, comme je vous l'ai déja dit. Mon maître étoit à la fenêtre pour me voir partir ; & tous les domestiques étoient rangés en deux haies dans l'allée qui conduit à la porte, de maniere qu'il ne pouvoit pas les voir. Nous ne pouvions rien dire de part ni d'autre, si ce n'est Dieu vous benisse ! Dieu vous benisse ! Henri porta mon paquet, mon troisieme paquet, comme j'avois coutume de l'appeller, au carrosse, avec quelques gâteaux, du pain-d'épices, des confitures, & six bouteilles de vin des Canaries, que Mad. Jervis m'obligea de prendre avec moi dans un panier, afin, disoit-elle, que vous & moi pussions nous réjouïr le cœur de tems en tems lorsque je ferois chez vous. Je baisai encore toutes les servantes, & je donnai la main à tous les valets ; mais Mr. Jonathan, ni Mr. Longman n'étoient pas là. Ensuite je descendis le perron pour aller au carrosse : & Mad. Jervis pleuroit amerement.

Dès que je fus arrivée au carrosse, j'aperçus mon maître qui étoit en robe de chambre à la fenêtre. Je lui fis trois profondes révérences, & priai Dieu pour lui en levant les mains au Ciel ; car il m'étoit absolument impossible de parler. Il me salua en baissant la tête, & je fus charmée de voir qu'il voulût bien faire encore quelque attention à moi. Je montai en carrosse fondant en larmes; tout ce que je pus faire en attendant que le cocher fouettât, fut de faire signe avec mon mouchoir blanc tout mouillé de mes larmes. Enfin le cocher partit à toute bride comme un Jehu, & je ne découvris que trop tôt que j'avois des sujets de chagrin plus grands & plus terribles que ceux que j'avois déja essuyés.

Si nous allons toujours de ce train-là, dis-je en moi-même, j'aurai bien-tôt le plaisir de voir mes chers parens. Je m'amusai à penser aux bons amis que je venois de quitter, jusques à ce que nous fussions, comme je me l'imaginois, à peu près à moitié chemin. Le cocher s'étant arrêté pour faire repaître les chevaux, il me dit que nous avions fait la moitié du chemin : Je crus qu'il étoit alors tems de sécher mes yeux, & de songer à ceux que j'allois trouver : helas ! c'est ce dont je me flattois vainement. Je me préparai donc pour cette douce entrevue, je me représentai la joie que vous auriez en me voyant revenir vertueuse, après tous les dangers que j'avois courus. Je commençai donc à me consoler un peu, & à bannir de mon esprit le chagrin que me causoit la triste séparation de mes amis ; mais ce chagrin revenoit de tems en tems ; & en vérité je serois ingrate, si je n'aimois pas ceux qui m'ont témoigné tant d'amitié.

I. Partie.   **T**

J'étois partie vers les huit heures du matin, & ayant vu au cadran de l'Eglise d'un village, par où nous passâmes, qu'il en étoit près de deux, j'étois dans une surprise extrême de trouver, que plus nous avancions, moins je reconnoissois où j'étois. Quoi, dis-je en moi-même, il est bien étrange qu'au train que nous allons, nous soyons si long-tems à faire vingt milles. Mais sans doute que le cocher sait le chemin.

A la fin il s'arrêta, & regarda autour de lui comme s'il eût été embarrassé, ne sachant quelle route il falloit prendre. Monsieur Robert, lui dis-je, vous vous êtes sans doute égaré. Je le crains, répondit-il, mais ce ne sauroit être de beaucoup ; je demanderai le chemin au premier passant que je rencontrerai. Faites-le, je vous en prie, lui dis-je : Il donna un peu de foin aux chevaux, & je lui donnai des gâteaux, & deux verres de vin. Nous nous arrêtâmes environ une demi-heure, ensuite il partit encore à toute bride.

J'étois si remplie de mes pensées, du danger auquel je ne doutois point que je n'eusse maintenant échappé tout de bon, des bons amis que je venois de quitter, de mes chers parens que j'allois trouver, & de ce que j'avois à leur raconter, que je ne faisois pas grande attention au chemin ; mais enfin le soleil qui étoit sur le point de se coucher, me

tira de ma rêverie. Le cocher fouettoit toujours : les chevaux étoient tout en eau & écu-
moient. Je fus tout d'un coup faifie de frayeur.
J'appellai le cocher, qui me dit , qu'il étoit
extremement malheureux , car il s'étoit égaré de plufieurs milles , difoit-il , mais il étoit
alors dans le bon chemin, & arriveroit avant
qu'il fît tout-à-fait nuit. Alors je craignis
quelque nouveau malheur : j'étois fort fatiguée , car il y avoit plufieurs nuits que je
n'avois prefque point dormi : enfin je dis au
cocher, Monfieur Robert, il y a un village
devant nous, comment l'appelle-t-on? Puifque
nous nous fommes fi fort égarés , ne vaut-il
pas mieux nous arrêter là , que de pourfuivre notre route ; car la nuit approche à grands
pas ? Que le Ciel me protége , dis-je en moi-
même ; peut-être qu'après avoir échappé au
maître, j'aurai de nouveaux dangers à courir de la part du valet ; car je ne fongeois
gueres à l'indigne fupercherie qu'on me faifoit. Nous arriverons dans un moment , dit
le cocher, la demeure de votre pere n'eft
qu'à un mille au-delà du village qui eft devant nous. Je puis me tromper , lui dis-je ,
car il y a long-tems que je n'ai été dans ces
quartiers. Mais je vous affure que je ne re-
connois point du tout le pays ; il ne reffem-
ble en rien à ce que je me fouviens d'avoir
vu.

Il fit femblant d'être fort fâché de s'être ainfi égaré : enfin il s'arrêta à une ferme environ deux milles au-delà du village que j'avois vu : il étoit alors prefque nuit : le cocher defcendit de fon fiége, en difant, Il faut que nous nous arrêtions ici, car je ne fai plus où j'en fuis.

Seigneur Dieu, dis-je en moi-même, protége ta pauvre Pamela ! Encore de nouvelles épreuves ! Que deviendrai-je enfin !

La femme, la fille & la fervante du fermier vinrent à nous ; la femme dit, qu'eft-ce qui vous amene ici à l'heure qu'il eft, M. Robert, & cela avec une Dame ? Cette queftion m'effraya terriblement ; & réfléchiffant fur tout ce qui s'étoit paffé, je me mis à pleurer. Madame, dis-je à la fermiere, connoiffez-vous M. B.... du Comté de Bedford ? Le mêchant cocher voulut empêcher qu'on ne me répondît ; mais la fille, qui eft fimple & naïve, dit d'abord ; fi nous connoiffons M. B....? Ouï, fans doute ; mon pere eft fon fermier. Ah Ciel ! m'écriai-je alors, je fuis perdue, perdue fans reffource ! Méchant, dis-je au cocher, pourquoi m'avez-vous joué ce tour ? Vil inftrument du plus indigne de tous les maîtres ! En vérité, Madame, dit le cocher, je fuis fort fâché qu'on m'ait donné cette commiffion, mais je ne pouvois pas la refufer. Ti-

rez-en le meilleur parti que vous pourrez.
Vous trouverez ici d'honnêtes gens , obligeans & civils ; je vous assure que vous serez
en sûreté avec eux. Laissez-moi descendre
de carrosse, dis-je , j'irai à pied jusques au
prochain village , quelque tard qu'il soit ;
car je ne veux point entrer ici.

On vous traitera très-bien ici , ma jeune
Demoiselle , dit la fermiere , & vous trouverez plus de commodités chez nous que quelque part que ce soit dans le village. Je ne
me soucie point de commodités , dis-je ; je
suis trahie, je suis perdue ! Ayez pitié de
moi pour l'amour de votre fille , & dites-moi
si votre maître est ici. Non , je vous assure ,
reprit-elle , il n'y est point.

Là-dessus le fermier vint ; c'étoit un homme grave, civil, qui avoit l'air d'un honnête homme : il me parla d'une maniere qui
me tranquillisa un peu. Voyant donc qu'il
n'y avoit point de remede, j'entrai chez lui ;
& sa femme me conduisit d'abord enhaut
dans le meilleur appartement de la maison, dont elle me dit que je serois la maîtresse aussi long-tems que je resterois chez eux ,
& que personne n'approcheroit de moi que
par mon ordre. Je me jettai sur le lit presque morte de fatigue & de crainte ; & je
m'abandonnai à toute ma douleur, la plus
cruelle que j'eusse eue de ma vie

T iij

La fille du fermier vint m'apporter une lettre, que le cocher lui avoit donnée pour moi. Je vis d'abord à l'écriture & au cachet, qu'elle venoit de mon indigne maître ; elle étoit adreffée *à Mademoifelle Pamela Andrews.* Cela valoit mieux encore, que de l'avoir ici lui-même. Quoique s'il y eût été, il faudroit qu'il eût volé, car il me fembloit que j'avois volé moi-même, tant le cocher avoit fait de diligence.

Je commence à m'apercevoir que je fuis ici chez des gens d'honneur : il ne paroît point d'artifice dans leur conduite ; ils femblent plutôt avoir pitié de mon fort. La bonne femme m'offrit un verre d'eau cordiale, que j'acceptai, car j'étois prête à tomber en foibleffe. Je m'affis fur une chaife, toujours fort abattue : on m'apporta deux chandelles, on fit du feu, & on me dit, que fi j'avois befoin de quelque chofe je n'avois qu'à frapper, & qu'on feroit à moi dans l'inftant ; ainfi on me laiffa feule. J'eus tout le tems de réfléchir fur mon trifte fort, & de lire la lettre qu'on m'avoit apportée : mais je ne pus y jetter les yeux d'abord, tant j'étois accablée : dès que je fus un peu remife, je la lus & j'y trouvai ces mots.

» *Ma chere* PAMELA,

» L'extrême paffion que j'ai pour vous,

» & votre obſtination à n'y point répondre »
» m'ont contraint d'en agir avec vous d'une
» maniere qui vous cauſera, ſans doute,
» beaucoup de fatigue, de crainte, & d'in-
» quiétude. Pardonnez-le moi, ma chere ;
» car malgré ce que je viens de faire, je
» vous jure par tout ce qu'il y a de plus ſa-
» cré au monde, que je vous traiterai d'une
» maniere honorable. Que vos frayeurs ne
» vous obligent donc pas à prendre une ré-
» ſolution déſeſpérée, qui pourroit faire tort
» à votre réputation, & à la mienne. L'en-
» droit où vous recevrez cette lettre eſt une
» ferme qui m'appartient. Les gens qui
» la tiennent, ſont honnêtes, civils &
» obligeans.

» Lorſque vous lirez ceci, vous ſerez dé-
» ja à moitié chemin de l'endroit, où j'ai
» deſſein que vous demeuriez quelques ſe-
» maines, juſques à ce que j'aie réglé certai-
» nes affaires, qui vous donneront une tou-
» te autre idée de moi, que celle que vous
» vous en formez peut-être à l'occaſion de
» la conduite que je tiens actuellement en-
» vers vous. Et pour vous convaincre que je
» n'ai aucun mauvais deſſein, je vous aſſu-
» re que vous ſerez tellement la maîtreſſe
» dans la maiſon où l'on va vous conduire »
» que je n'en approcherai pas ſans votre per-
» miſſion. Tranquilliſez-vous donc ; ſoyez

T iiij

» diſcrete & prudente ; & toutes vos peines
» ſeront récompenſées un jour par un chan-
» gement de fortune plus heureux que vous
» n'oſez l'eſpérer à préſent.

« J'ai pitié de la fatigue que vous aurez
» eue, ſi cette lettre vous eſt rendue dans
» l'endroit que j'ai ordonné. J'écrirai à votre
» pere, pour l'aſſurer que rien de honteux
» ne ſera entrepris contre vous par

» *Votre très-paſſionné admirateur ; car*
» *c'eſt ainſi qu'il faut que je me*
» *nomme . . . . . .*

» Ne ſoyez pas en colere contre le pau-
» vre Robert : vous avez tellement gagné
» l'affection de tous mes domeſtiques, que
» je vois qu'ils aimeroient mieux rendre ſer-
» vice à vous qu'à moi ; & ce n'eſt qu'avec
» répugnance que ce garçon s'eſt chargé d'e-
» xécuter mes ordres. J'ai été obligé de
» m'abaiſſer juſqu'à l'aſſurer de la pureté de
» mes intentions ; & je ſuis fortement réſolu
» d'y perſévérer, ſi vous-même vous ne me
» forcez pas à faire ce que j'abhorre main-
» tenant. »

Je ne compris que trop, que cette lettre
n'étoit deſtinée qu'à me tranquilliſer pour le
préſent ; mais comme le danger n'étoit pas

fi proche que j'avois eu lieu de l'appréhender, & qu'il promettoit de ne point venir,
& de vous écrire, mes chers Parens, pour
calmer votre inquiétude, je me raſſurai un
peu ; je fis un effort pour manger un morceau de poulet bouilli qu'on m'avoit apprê-
té ; je bus un verre de mon vin ſec, & j'en fis
boire à mes hôtes.

Dès que j'eus ſoupé, il me ſurvint un nouveau ſujet d'inquiétude ; car le cocher entra
dans ma chambre, & me parut avoir l'air
d'un bourreau. Il me traita de Mademoiſelle
avec une mine tout à fait étrange, & me dit,
qu'il falloit que je fuſſe prête à partir le lendemain dès cinq heures du matin, ſans quoi
nous ne pourrions arriver que fort tard. Cela
m'affligea beaucoup, car je commençois à
agréer aſſez ma compagnie, vu l'état ou j'é-
tois réduite ; j'eſpérois de pouvoir fléchir ces
bonnes gens en ma faveur, & que par leur
moyen je pourrois me rendre chez quelque
honnête perſonne du voiſinage, qui voudroit
me protéger, de ſorte que je ne fuſſe pas
obligée de pourſuivre mon voyage.

Dès que le cocher ſe fut retiré je commençai à ſonder le fermier & ſa femme : mais
helas ! je trouvai qu'ils avoient reçu une lettre en même-tems que moi, tant mon méchant maître, inſpiré par Lucifer, avoit pris
ſes meſures ſûrement. Le fermier & ſa femme

ne firent que fecouer la tête , quoiqu'ils pa-
ruſſent avoir pitié de moi , de forte que je fus
obligée de renoncer à l'eſpérance que j'avois
conçue d'être délivrée par leur fecours.

Le bon fermier me montra la lettre qu'il
avoit reçue , & je la copiai ; car elle fait connoître les artifices de mon cruel maître , &
combien il étoit réſolu à me ruiner entierement , par les foins qu'il prenoit de m'ôter
juſques à la moindre eſpérance de me fauver.
Voici cette lettre.

    Fermier Norton ,

» J'envoie chez vous , pour une nuit feule-
» ment , & fort contre fon gré , une jeu-
» ne Demoiſelle , qui s'eſt embarquée dans
» une intrigue amoureuſe , qui cauferoit fa
» perte , & celle de l'homme qu'elle vou-
» droit époufer. Pour faire plaifir à fon pere
» j'ai ordonné qu'on la conduiſît à une de
» mes maifons , où on lui fera un bon ac-
» cueil , afin d'eſſayer fi l'abfence & les re-
» proches qu'on fera à l'un & à l'autre ne
» pourront pas leur faire ouvrir les yeux fur
» leurs propres intérêts. Je ne doute pas que
» pour l'amour de moi vous ne la traitiez
» avec bonté. Car à l'exception de cette in-
» trigue *qu'elle ne veut pas avouer* , elle ne
» manque ni de fageſſe ni de difcrétion. Je
» reconnoîtrai , à la premiere occafion , les

› peines que je vous donne, & ſuis,

« Votre ami & ſerviteur. »

Admirez l'artifice de cet homme, en diſant à ces bonnes gens que je ne *voulois pas avouer cette* prétendue *intrigue*, il leur avoit fourni une raiſon plauſible pour ne rien croire de tout ce que je pouvois leur dire. Et comme ils ſont ſes fermiers, & qu'ils l'aiment beaucoup, (car il a quelques bonnes qualités, & il en a bon beſoin) je vis que tous mes projets étoient évanouïs, & je fus contrainte de parler le moins qu'il m'étoit poſſible.

Cependant je me mis à pleurer amerement ; car je jugeai par cette lettre, que tant par ſes artifices que par ſes richeſſes il étoit trop fort pour moi : de ſorte que j'eus encore recours à mon ſeul refuge, à ce Dieu, qui prend en ſa protection les innocens, & qui ſeul eſt capable de renverſer & de faire évanouïr les deſſeins & les artifices des Grands. Le fermier étoit ſi prévenu de ce qu'on lui diſoit dans cette lettre, qu'il ſe mit à louer beaucoup mon maître du ſoin qu'il prenoit de moi, & à me conſeiller de ne point prêter l'oreille aux propoſitions qu'on pouvoit me faire ſans le conſentement & l'approbation de mes parens : il me rendit ainſi le ſujet d'une bonne leçon pour ſa fille. C'eſt pourquoi je fus bien aise de mettre fin à la conversation, voyant qu'il n'y avoit aucun apparence qu'on ajoutât foi à ce que je pouvois assurer.

J'envoyai dire au côcher que j'étois si fatiguée, qu'il me seroit impossible de partir de grand matin. Mais il tint ferme, & dit que la journée en seroit moins fatigante. Je trouvai par-là que malgré sa prétendue répugnance, il étoit plus fidele à son maître que je ne l'aurois souhaité. Je compris donc de plus en plus, que tout n'étoit que profonde dissimulation, & qu'artifices tous plus terribles les uns que les autres.

Il est vrai que j'aurois pu montrer la lettre que mon maître m'écrivoit, & qui réfutoit absolument tout ce qu'il disoit au fermier. Mais je ne vis aucune apparence de pouvoir l'engager à me rendre service. Je crus donc que puisque je devois partir si-tôt, il étoit inutile d'entrer avec ces gens-là dans un plus grand détail sur mon histoire : je connus d'ailleurs qu'ils n'étoient pas disposés à me laisser demeurer plus long-tems chez eux, de peur de désobliger mon maître. J'allai donc me coucher, mais je ne reposai gueres. Le lendemain je partis de grand matin ; le fermier voulut que sa servante m'accompagnât dans le carrosse durant cinq milles, & elle devoit s'en retourner à pied.

Dès que je fus en carrosse le vendredi matin , je formai un projet, que je me flattois de pouvoir exécuter. J'étois perfuadée que le cocher feroit obligé de s'arrêter dans quelque village pour faire repaître les chevaux. Je me propofai donc, dès que nous nous arrêterions à quelque hôtellerie, de m'adreffer à la maîtreffe du logis, de lui conter mon hiftoire, & de refufer d'aller plus loin, n'y ayant perfonne, que ce méchant cocher, qui pût m'y forcer.

J'étois toute occupée de ce projet, & remplie d'efpérance de pouvoir me fauver d'une maniere ou d'autre. Mais helas ! mon rufé maître avoit trouvé moyen de m'ôter même cette derniere reffource. Car lorfque nous nous arrêtâmes en chemin dans un gros bourg pour dîner, & que je me préparois à exécuter mon projet, qui, penfez-vous, que nous rencontrâmes dans l'auberge ? C'étoit la méchante Mad. Jewkes qui m'attendoit-là. La maîtreffe de la maifon étoit fa fœur, & elle m'avoit préparé à dîner.

C'eft ce que j'appris bientôt, lorfqu'en entrant je demandai à parler à la maîtreffe du logis. Dès qu'elle fut venue, je fuis, lui dis-je, une pauvre infortunée, qui a befoin de vos confeils & de votre fecours, vous m'avez l'air d'une Dame vertueufe, qui fe fera un plaifir de fecourir l'innocence opprimée. Ouï, Madame , répondit-elle, je me flatte que vous ne ferez pas trompée dans votre attente, j'ai même le bonheur de favoir quelque chofe de votre hiftoire avant que vous me l'appreniez vous-même. Appellez ma fœur Jewkes, ajouta - t - elle. *Jewkes, Jewkes!* dis - je en moi - même ; ce nom ne m'eft pas inconnu, cela ne me plaît point du tout.

La méchante créature parut fur le champ; je ne l'avois jamais vue qu'une feule fois, & fa préfence me caufa les plus cruelles alarmes. Pas un feul projet ne me peut réuffir, dis-je en moi-même, rien ne peut fauver une pauvre & innocente fille ! Il faut que tout fe tourne contre moi. Ah ! que mon fort eft déplorable ! Je fus donc obligée de renoncer à mes efpérances, & ma condition étoit pire déformais qu'elle n'avoit été chez le fermier.

La méchante femme s'approcha de moi avec un air de confiance, & me baifa. Regardez ma fœur, dit elle, voilà une charmante créature ! Le plus vertueux Seigneur de tout le pays ne feroit-il pas tenté de l'enlever ? Oh! chofe affreufe ! dis-je en moi-même. Voilà en deux mots un aveu pofitif du deffein qu'on a formé contre moi. Maintenant je fuis perdue fans reffource, il n'y a plus moyen d'en douter. J'étois dans la plus grande confufion du monde; & voyant qu'il n'y avoit point de remede, je fus forcée de lui permettre de monter en carrosse avec moi, car elle ne vouloit pas me perdre de vue un seul moment. Elle étoit venue à cheval, accompagnée d'un valet, qui nous conduisit tout le chemin, marchant à côté du carrosse. Je renonçai alors à tout espoir de délivrance, étant dans un abattement extrême, & prête à me désespérer.

Ah! dis-je en moi-même, que de peines l'on se donne pour ruiner une pauvre & innocente créature! Les mesures sont si bien prises, & il y a si long-tems qu'on trame ce complot, que je crains bien qu'il ne me soit impossible d'en prévenir l'exécution. Cependant je mis ma confiance en Dieu, persuadée qu'il sauroit bien trouver quelque voie pour me délivrer, losque tout autre moyen viendroit à manquer, & je m'abandonnai à sa providence.

Vous pourrez voir (mais helas! ô pensée affligeante! que sais-je si vous lirez jamais ce que j'écris maintenant. Si vous le lisez un jour, vous pourrez voir) par ce que je vais dire, quelle espece de créature c'est que cette Mad. Jewkes, en comparaison de la bonne Mad. Jervis.

Pendant que nous étions en carrosse elle me regardoit de tems en tems en face, & en me serrant la main, elle me dit, en vérité vous êtes bien jolie, ma petite filentieufe. Elle voulut me baifer une feconde fois ; mais, je lui dis, je n'aime point cette maniere d'agir, Mad. Jewkes ; cela ne convient point à deux perfonnes du même fexe. Elle fe mit à rire à gorge déployée ; Cela eft joliment dit, je vous jure, s'écriat-elle. Vous aimeriez donc mieux être baifée par une perfonne de l'autre fexe. Ma foi, vous avez raifon, & je vous loue de cela.

J'étois furieufement laffe de fes impertinences & de fes difcours impudens : mais je n'avois pas lieu d'en être furprife ; car elle avoit fervi dans une hôtellerie avant que mon maître la prît à fon fervice : & vous favez que ces fortes de créatures ne manquent pas d'effronterie. Et en vérité elle ne fe faifoit aucun fcrupule de dire en mille occafions les chofes les plus libres. Et voyant que les larmes me couloient des yeux de tems en tems ; Vous voilà bien malade, me dit-elle plus d'une fois, d'être aimée par le gentilhomme le plus aimable & le mieux fait qu'il y ait à dix lieues à la ronde.

Me voilà donc au pouvoir d'une infâme créature ; & fi je n'étois pas en fûreté avec la vertueufe Mad. Jervis, dans une maifon où tout le monde avoit de l'amitié pour moi, que n'aurai-je pas à appréhender de la part d'une femme qui paroît prendre plaifir à l'iniquité ? O Ciel ! que ferai-je ! que deviendrai-je !

deviendrai-je ! Helas je ne pourrai jamais réfifter à tout cela !

Vers les huit heures du foir nous entrâmes dans l'avantcour de cette grande, belle , mais vieille maifon ; elle eft dans un endroit écarté & folitaire, & paroît très propre à l'exécution des plus criminels deffeins. Ah ! dis-je en moi-même, je crains bien que ce ne foit ici le lieu où l'on a réfolu d'achever ma perte, à moins que Dieu, qui eft tout-puiffant, ne me protége !

Je me trouvai mal en entrant, tant par la fatigue que j'avois endurée, que par l'abattement extrême où j'étois. Mad. Jewkes me donna du vin brûlé, & parut fort officieufe pour me faire le meilleur accueil qu'elle put. Durant fon abfence le méchant Robert entra, & me dit, Je vous demande mille pardons du tour que j'ai été obligé de vous jouer ; je fuis vivement touché de l'affliction où vous êtes ; & je vous affure que je fuis bien fâché d'avoir été contraint d'exécuter mes ordres.

Fort bien, Monfieur Robert, lui dis-je, je n'ai jamais vu pendre qu'un feul criminel. Le bourreau lui demanda pardon , comme vous faites maintenant, il allégua fes ordres, & puis il pendit le malheureux fort tranquillement. Mais je ne fuis point criminelle, comme vous favez ; & fi j'avois cru que mon devoir me permît d'obéir aux injuftes commandemens de mon indigne maître, je vous aurois épargné la peine que vous avez prife, & vous ne pourriez pas vous glorifier d'avoir rendu à votre maître un fervice fi abominable.

Je fuis fâché, reprit-il, que vous preniez la chofe de cette maniere, mais tout le monde ne penfe pas comme vous. Eh bien, eh bien, Mr. Robert, lui dis-je, vous avez fait de votre côté avec toute la fidélité poffible ce que vous pouviez pour me perdre ; peut-être que vous vous en repentirez un jour, lorfque vous en verrez les funeftes conféquences. Vous faviez de quoi il s'agiffoit, & que je devois être conduite chez mon pere, & que j'ai été trompée & trahie de la maniere du monde la plus cruelle. Encore une fois, je vous fuis obligée de la part que vous y avez eue ; Dieu veuille vous le pardonner.

Il fe retira un peu trifte ; & Mad. Jewkes, qui entra dans le même moment me demanda, qu'avez-vous dit à Robert ? Le pauvre garçon eft prêt à pleurer. Je n'ai pas lieu de craindre que vous fuiviez fon exemple, Mad. Jewkes, lui répondis-je. Je lui ai repréfenté qu'il avoit contribué de fa part à ma ruine ; il ne fauroit qu'y faire, il en eft fâché maintenant : mais fa repentance ne fauroit plus m'être utile ; je souhaite qu'elle lui foit falutaire.

Je vous affure, Mademoifelle, me dit-elle, que je ferois auffi prête à pleurer que lui, fi je vous caufois le moindre mal. Il n'eft pas en fon pouvoir d'y remédier à préfent, répondis-je ; mais pour vous ce que vous avez à faire eft encore à venir; & vous pouvez choifir ou de contribuer à ma ruine, ou de me fauver. Ecoutez, Mademoifelle, me dit-elle, je fuis fortement réfolue de m'acquitter de mon devoir envers mon maître : C'eft pourquoi vous devez être perfuadée que fi je puis m'en acquitter & vous rendre fervice en même tems, je le ferai. Mais vous devez penfer auffi que fi vos defirs & fa volonté fe trouvent en oppofition, je lui obéirai, quoi qu'il puiffe me commander.

Je vous prie, Mad. Jewkes, lui dis-je, de ne me pas traiter ainfi de *Mademoifelle*, je ne fuis qu'une pauvre fille élevée par un caprice de la fortune, & qui dois être tantôt quelque chofe, & tantôt rien, fuivant qu'elle juge à propos de fe jouer de moi. Ayez donc la bonté de me parler comme à une fimple fervante ; je fuis même au-deffous de vous, d'autant plus qu'on m'a mife dehors.

Ouï, ouï, dit-elle, j'en fai quelque chofe ; vous avez tant de pouvoir fur mon maître, que vous ferez peut-être notre maîtresse à tous avant qu'il foit long-tems ; c'eft pourquoi je voudrois fort vous obliger fi je puis. Je veux vous traiter de *Mademoifelle* ; car je vous affure que mes inftruétions portent qu'il faut que je vous témoigne tout le refpeét poffible.

Qui vous a donné ces inftruétions, lui dis-je. Qui ? répondit-elle ; qui feroit-ce, finon mon maître ? Comment cela fe peut-il ? repris-je ; ce n'eft pas depuis peu que vous l'avez vu. Non, dit-elle : mais il y a déja quelque tems que je vous attends ici. Oh ! quelle profonde malice ! penfai-je en moi - même. Et d'ailleurs, ajouta-t-elle, Robert m'a apporté une lettre de fa part, qui contient mes inftruétions ; mais je n'aurois peut-être pas dû vous en dire tant. Si vous vouliez, lui dis-je, avoir la bonté de me les montrer, je pourrois juger par - là quelles faveurs je puis efpérer de vous, fans que vous outrepaffiez vos ordres. Je fuis votre très-humble fervante, ma belle Demoifelle, répondit- elle. Je fuis fuffifamment inftruite, & vous pouvez compter que je fuivrai mes ordres , & autant qu'ils me le permettront, je vous obligerai ; & n'en parlons plus.

Mais je me flatte, repris-je, que vous ne voudriez pas commettre une aétion injufte ou criminelle, quel que fût le maître qui vous la commandât. Ecoutez, me dit-elle ; il eſt bon maître, & s'il me commande une choſe que je puiſſe faire, je me crois obligée de lui obéir ; c'eſt à lui, qui a le pouvoir de me commander, à voir ſi ce qu'il m'ordonne eſt permis ou non. Quoi, dis-je, ſuppoſé qu'il vous ordonnât de me couper la gorge, le feriez-vous ? Cela n'eſt pas fort à craindre, répondit - elle ; mais ſans doute que je ne le ferois point ; car ce ſeroit un meurtre, & je ſerois condamnée à être pendue. Mais ſuppoſé, repris-je, qu'il voulût ſéduire & perdre une pauvre jeune créature, lui prêteriez-vous votre ſecours ? car ravir l'honneur à une fille eſt pire que de lui couper la gorge.

Ah ! dit elle, que vous parlez d'une maniere étrange ? Les deux ſexes ne ſont-ils pas faits l'un pour l'autre ? Et n'eſt-il pas fort naturel qu'un jeune homme aime une jolie fille ? Et ſuppoſé qu'il ſatisfaſſe ſes deſirs avec elle, cela eſt-il auſſi criminel, que de lui couper la gorge ? Là-deſſus elle ſe mit à rire, & continua à parler d'une maniere ſi inſolente, qu'elle ne me fit que trop comprendre, que je n'avois rien à eſpérer de ſa conſcience, ni de ſa vertu : ce qui me mortifia extremement, car je m'étois flattée de la gagner peu-à-peu.

Nous finîmes cette converſation, & je la priai de me dire où je devois coucher. Par-tout où il vous plaira , Mademoiselle , répondit-elle ; mais je dois vous dire , que pour le présent il faut que je couche avec vous. *Pour le présent !* m'écriai-je ; (mon cœur étoit prêt à crever de chagrin.) Vos instructions portent-elles que vous coucherez avec moi ? Ouï sans doute , reprit-elle. J'en suis fâchée , dis-je. Comment ? dit-elle , je vous assure que je suis fort saine , & fort propre aussi. Je n'en doute point , répondis-je ; mais j'aime à coucher seule. Quoi donc ! dit-elle ; Mad. Jervis ne couchoit-elle pas avec vous dans l'autre maison.

Eh bien , dis-je , lasse de ses discours , & ennuyée de mon état , suivez vos ordres ; je ne saurois me défendre , je suis la plus malheureuse créature qui soit sous le ciel. Elle continua ses sottises que je ne pouvois plus supporter. Fort misérable en effet , dit-elle , d'être aimée du gentilhomme le plus accompli qu'il y ait en Angleterre.

Me voici arrivée un SAMEDI *, je vais continuer mon récit ; & j'ai beaucoup à écrire.*

Il paroît que ma méchante compagne a des ordres très-précis. Car quand elle va se coucher, elle s'enferme avec moi dans la chambre , qui a une double porte , & elle en attache les deux clefs à son poignet. Elle dit qu'on a tâché deux ou trois fois de forcer la maison. Je ne sai si elle le dit pour m'effrayer, mais cela me rend peureuse ; quoique je ne le sois pas tant que je le serois, si je n'avois pas d'autres craintes.

Je n'ai dormi que peu cette nuit : je me suis levée de bon matin, & me suis mise proche de la fenêtre, faisant semblant de regarder dans le spacieux jardin ; mais j'ai écrit pendant tout ce tems, depuis la pointe du jour jusqu'au moment qu'elle s'est levée ; & j'ai encore écrit depuis pendant qu'elle a été hors de la chambre.

A déjeûné elle m'a présenté les deux servantes, la cuisiniere, & celle qui a soin de nettoyer les chambres. Ce sont deux pauvres filles ignorantes, & des plus grossieres ; je ne puis en espérer aucun secours ; & d'ailleurs elles sont entierement à la dévotion de ma geoliere. Je suis pourtant résolue de m'échapper si je puis, avant que mon méchant maître arrive.

Il y a encore quelques autres domestiques, le cocher Robert, un palefrenier, un aide & un valet de pied. Tous, excepté Robert (& il a été complice de ma ruine) sont d'étranges créatures, de qui on ne peut rien espérer, & qui sont aussi tout dévoués à cette femme. Le Jardinier a l'air d'un honnête-homme : mais on ne lui permet pas de m'approcher, & il paroît réfervé.

J'étois furprife de ne pas voir M. Williams, l'Eccléfiaftique : mais je n'ofai pas demander de fes nouvelles, de peur de faire naître des foupçons. Mais après avoir examiné tous les gens de la maifon, je ne trouvai que lui fur qui je puffe fonder quelques efpérances; car je me flatte que fon caractere ne lui permettra pas de contribuer à ma ruine. Il vint l'après dînée ; car il eft occupé d'ordinaire à enfeigner le latin dans une petite école du voifinage : ce qui lui rapporte quelque chofe, outre les préfens que mon maître lui fait en attendant qu'il lui puiffe donner un bénéfice.

Ce Mr. Williams eft un jeune homme grave & de bon fens : Dès le moment que je le vis je fus confirmée dans l'efpérance que j'avois formée de fon affiftance. Car il parut s'intéreffer beaucoup à ma peine & à mon affliction, qu'il m'étoit impoffible de cacher. Il parut cependant fe défier de Mad. Jewkes, qui épioit toutes nos paroles, & jufques à nos moindres geftes.

M. Williams a un appartement dans la maifon ; mais il a coutume de fe tenir dans un logement qu'il a pris au village voifin, pour être plus proche de fon école : Il paffe ici l'après-dînée du Samedi, & tout le Dimanche, excepté lorfqu'il s'eft engagé à prêcher pour le Curé du village qui eſt à trois milles d'ici.

Je me flatte d'aller à l'Egliſe avec lui demain : car les inſtructions de ma gouvernante
ne portent pas, ſans doute, qu'elle doit me le
refuſer : il eſt impoſſible que mon maître ait
penſé à tout. Et peut-être que je trouverai à
l'Egliſe quelque moyen de me mettre en ſûreté.

Afin que ma gouvernante ne vienne pas
à ſoupçonner que je ſuis pourvue de papier,
de plumes, & d'encre, je lui en ai demandé, & elle m'a dit qu'elle m'en fourniroit,
à condition que je lui promiſſe de ne rien envoyer hors de la maiſon, ſans le lui faire voir
auparavant. Je l'aſſurai, que je ne voulois
écrire que pour diſſiper un peu mon chagrin,
lorſque j'étois ſeule, comme je ſouhaitois
d'être toujours. Mais vous ſavez bien, ajoutai-je, que je n'ai perſonne par qui je puiſſe
envoyer ce que j'écrirai.

Non pas peut-être pour le préſent, dit-elle,
mais on m'a dit que vous vous mêlez beaucoup
d'écrire, & mes inſtructions portent qu'il faut
que je voie tout ce que vous écrirez. Je
veux donc bien vous donner une plume, de
l'encre, & deux feuilles de papier : car cet
emploi vous empêchera de ſonger à quelque
choſe de pis : mais il faut que vous me mon-
triez ces feuilles, écrites ou non écrites, toutes les fois que je le demanderai. Cela eſt

bien dur, répondis-je. Mais ne me permettrez-vous pas d'avoir en mon particulier ce
petit cabinet qu'il y a dans la chambre où
nous couchons, pour y enfermer mes hardes,
& que j'en garde la clef? Je crois pouvoir con-
sentir à cela, dit-elle, je vais le ranger & je
laisserai la clef à la porte. Il y a aussi un cla-
vessin dans ce cabinet, s'il est accordé vous
pourrez en jouer de tems en tems pour vous
divertir; car je sai que mon ancienne maîtresse
vous a fait apprendre à en jouer.

Je résolus donc de cacher mes plumes
par ci par-là, de peur qu'elle ne vînt un jour
à m'en refuser : je mis un peu d'encre dans
trois ou quatre tasses de porcelaine, je cachai aussi en divers endroits parmi mes hardes
le papier, la cire, & les pains à cacheter que j'a-
vois, de peur qu'on ne me fouillât : & je me flatte que par le moyen de ce que je pourrai écrire, ou par quelque autre voie, il se présentera
dans peu une occasion de me délivrer de mon
esclavage. Oh! quelle gloire! pensai-je en moi-
même, si je puis conserver mon innocence,
& échapper aux artifices de ce méchant maître! S'il vient ici, je suis perdue sans ressource : car cette abominable femme l'assistera sans
doute dans l'exécution de ses plus criminels
desseins. Il n'aura pas besoin de l'éloigner,
comme il voulut une fois éloigner Mad. Jervis; de sorte qu'il faut que j'emploie toute

l'adreſſe de mon eſprit pour me tirer d'entre ſes mains.

Ce m'eſt un cruel chagrin d'écrire, ſans pouvoir vous envoyer ce que j'écris; mais c'eſt maintenant le ſeul divertiſſement que j'aie; & ſi Dieu me fait la grace d'échapper avec mon innocence, comme je l'eſpere de ſa bonté, malgré tous les noirs complots qu'on a tramés contre moi, avec quel plaiſir relirai-je alors ce que j'écris maintenant avec un cœur pénétré de la douleur la plus vive!

J'allois ajouter, comme j'avois coutume de faire, *Priez Dieu pour votre très-obéiſſante fille;* mais helas! vous ne ſauriez connoître la détreſſe où je ſuis, quoique je ſois perſuadée que vous priez Dieu pour moi. Je continuerai d'écrire tout ce qui m'arrivera, afin que s'il ſe préſente quelque occaſion favorable, mon griffonnage ſoit prêt à vous être envoyé: car je ne puis écrire qu'en cachette & de tems en tems. Oh! que je trouve maintenant à-dire ce Jean, qui étoit ſi obligeant, & ſi honnête, & qui avoit le cœur ſi bon!

Me voici arrivée au Dimanche.

Ah! voici quelque chose de bien triste! La barbare ne veut point me permettre d'aller à l'Eglise; & j'avois fondé presque toutes mes espérances là-dessus. Elle a même fort maltraité le pauvre Monsieur Williams, parce qu'il intercédoit en ma faveur. J'apprends qu'elle peut lui défendre la maison, si elle le juge à propos. Le pauvre homme est entierement dans la dépendance de mon maître, qui a un très-bon bénéfice à lui donner, lorsque celui qui le possede actuellement viendra à mourir; & il y a quatre mois qu'il garde le lit, étant fort âgé, & attaqué d'une hydropisie.

Mr. Williams me témoigne beaucoup de respect, & je m'aperçois bien qu'il a pitié de moi : peut-être qu'il seroit disposé à m'accorder son secours pour échapper aux dangers qui me menacent, si j'avois quelqu'un qui pût lui parler en ma faveur : mais pourquoi voudrois-je ruiner la fortune d'un jeune homme, en l'engageant à faire une chose qui est contre ses intérêts? Il me semble pourtant qu'un honnête homme devroit se résoudre à faire tout au monde pour conserver la vertu d'une pauvre fille op-

primée , & la Providence l'en récompenſe-
roit ſans doute.

Jugez (mais helas ! comment verrez-vous
ce que j'écris ?) jugez combien mon état doit
être déſeſpéré , puiſque je ſuis réduite à ſouhaiter de pouvoir tendre des piéges à un honnête homme ! Je m'aperçois qu'il a grande
envie de me parler par un mot qu'il m'a dit
à l'oreille.

La créature (c'eſt je penſe le nom que je
donnerai déſormais à ma geoliere) me mal-
traite de plus en plus. Il y a un moment que
je diſois un mot à une des ſervantes, il eſt vrai
que c'étoit pour tâcher de la gagner peu à
peu, lorſqu'elle eſt ſurvenue tout d'un coup ,
& m'a dit, Je vous prie, Mademoiſelle , de
ne vous point émanciper juſqu'à vouloir tenter de pauvres & d'innocentes campagnar-
des, pour les empêcher de faire leur devoir.
J'ai entendu que vous vouliez engager cette
fille à faire un tour de promenade avec vous.
Mais je vous défens, Nanon , dit-elle en s'a-
dreſſant à cette fille , de jamais ſortir avec
elle, ni de lui obéir, pas même dans les moindres bagatelles , ſans me le faire ſavoir.
Qu'elle fît un tour de promenade avec vous !
Et où voudriez-vous aller , je vous prie ,
Mademoiſelle ? Cruelle & barbare Mad.
Jewkes, lui répondis-je , je ne voulois que
faire un tour dans cette allée d'ormes qu'il

y a devant la maison, puisque vous ne voulez pas me permettre d'aller à l'Eglise.

Nanon, dit-elle, pour me faire comprendre combien tous les domestiques sont à sa
dévotion, ôtez les souliers à Mademoiselle,
& apportez-les moi; J'en ai eu bien d'autres
qu'elle sous ma garde. Elle n'en fera rien
m'écriai-je. En vérité, dit cette fille, il faut
que je le fasse puisque ma maîtresse me l'ordonne : Ainsi, Mademoiselle, ne vous y op-
posez pas. En effet (le croiriez-vous) elle m'ôta
mes souliers. J'en ai été si indignée, que je n'ai
pas même pu soulager mon cœur en versant
des larmes. En vérité je suis devenue presque
hébétée. Je suis forcée de m'arrêter ici.

Je reprends la plume pour vous tracer le
portrait de cette créature. C'est une grosse
tripiere, trapue & poussive, laide à faire peur,
si on peut appeller laid ce qui a la figure hu-
maine. Elle a les mains énormes, & le bras
gros je pense comme mon corps. Elle a le
nez plat & recourbé; & ses sourcils lui ca-
chent presque les yeux, qui sont d'un vilain
gris, & lui sortent de la tête. Elle a un regard malin, qui découvre la méchanceté de
son cœur. Son visage est large & plat, & à la
couleur on diroit qu'il a été un mois dans une
saumure de salpêtre : je suis sûre, qu'elle est
sujette à s'enivrer. Elle a une grosse voix
d'homme; elle est ronde comme une boule,

& avec cela elle paroît extremement forte ;
& fi je la fâchois je crois qu'elle pourroit m'é-
craler dans un inflant fous fes pieds. De forte
qu'avec un cœur plus vilain encore que fon
vifage, elle me caufe des frayeurs mortelles.
Je fuis perdue, fans reffource, fi Dieu ne me
protége : car elle eft cruellement méchante ;
en vérité elle l'eft.

Ce que je viens de dire n'eft que l'effet
d'un impuiffant & inutile chagrin de ma part :
mais le portrait n'en eft pas moins reffem-
blant. Elle vient de m'envoyer dire dans ce
moment, quelle me rendra mes fouliers ,
fi je veux bien confentir qu'elle fe vienne
promener avec moi dans le jardin. Qu'elle
vienne * *caneter* plutôt, dis-je en moi-même.

Il ne me convient pas de me brouiller
tout-à-fait avec elle ; je n'en ferois que plus
étroitement obfervée. J'irai donc me promener avec cette haïffable créature. Oh ! que
n'ai-je ma chere Mad. Jervis ici ! Ou plutôt que ne fuis-je en fûreté avec mes très-
chers pere & mere !

Je fuis tranfportée de joie. Juftement
comme j'avois mis mes fouliers on m'eft venu de dire, que Jean , l'honnête Jean eft arrivé à cheval. Dieu le beniffe à caufe de fon
bon cœur ! Quel plaifir de le revoir ! mais
je vous en dirai davantage tout à l'heure. Il

____
* Marcher comme une cane , ou un canard.

ne faut pas, sans doute, que je fasse connoître à ma geoliere que je suis si charmée
de voir ce cher & bienheureux Jean. Je l'a-
percois par la fenêtre ; mais hélas ! il me paroît bien triste. Que peut-il y avoir de nouveau ? Je me flatte que mes chers parens se
portent bien, & Mad. Jervis aussi, Monsieur Longman, & toute la maison, sans en
excepter mon méchant maître. Car je souhaite qu'il vive, afin qu'il se repente de tout le
mal qu'il a machiné contre moi.

Ciel ! dans quel siecle vivons-nous ! Je
vais reprendre la plume ; mais je suis en vérité dans une terrible inquiétude. Voilà que
je serai, sans doute, exposée à une nouvelle
& très-embarrassante épreuve.

Jean est ici, comme je l'ai dit : le pauvre
homme m'est venu trouver avec Mad. Jewkes, qui m'a dit à l'oreille, que pour l'amour
de moi-même j'eusse à ne point parler des
souliers. Je m'imagine que le bon garçon s'a-
perçut d'abord de la détresse où je suis, par
la rougeur de mes yeux, & mon regard triste & presque égaré. Car vous jugez bien,
que mon chagrin doit être extrême. Il voulut cacher la peine que lui causoit mon état,
mais il lui fut impossible, car les larmes lui
couloient des yeux malgré qu'il en eût. Oh !
Mademoiselle Pamela, dit-il, dès qu'il me
vit. Eh bien, mon bon garçon, lui dis-je,

vous voyez dans quel état je fuis, fans qu'il y ait de ma faute. Je vous fuis obligée de vos civilités, & de vos bontés pour moi. Là-deffus il fe mit à pleurer encore plus. Mon cœur étoit prêt à fe fendre, lorfque je vis la douleur où il étoit : car c'eft quelque chofe de fort touchant pour moi que de voir pleurer un homme. Tirez-moi de peine, lui dis-je ; mon maître vient-il ? Non, dit-il en fan-glottant. Eh bien, repris-je, y a-t-il quelques nouvelles de mes pauvres parens ? Comment fe portent-ils ? Je crois qu'ils fe portent bien, répondit-il ; je ne fai rien du contraire. Je me flatte, dis-je, qu'il n'eft point arrivé de malheur à Mad. Jervis, ni à Mr. Longman, ni à aucun des autres domefti-ques. Non, répondit-il, avec un profond foupir comme s'il alloit rendre l'ame. Dieu en foit beni, dis-je.

Je penfe que cet homme eft fou, dit Mad. Jewkes : voilà bien de l'embarras pour rien. En vérité, Jean, je crois que tu es amou-reux. Ne vois-tu pas que la jeune demoifelle fe porte bien ? Qu'as-tu donc, mon garçon. Rien, dit-il ; mais je ne faurois m'empêcher de pleurer en voyant la bonne Mademoifel-le Pamela : mais j'ai une lettre pour vous, ajouta-t-il en s'adreffant à moi.

Je la pris, & voyant qu'elle étoit de mon maître je la mis dans ma poche. Je ne crois pas, dis-je à Mad. Jewkes, qu'il soit nécessaire que vous lisiez cette lettre. Non, dit-elle, je vois assez de qui elle vient ; autrement je vous prierois peut-être de me la montrer.

Voici aussi une lettre pour vous, Mad. Jewkes, dit Jean ; pour la vôtre, me dit-il, elle demande une réponse, qu'il faut que je porte demain de grand matin, ou même dès ce soir, si je puis.

Vous n'avez plus rien à dire à Mademoiselle Pamela, Jean, dit Mad. Jewkes. Non, répondit-il, si ce n'est, que tous les domestiques l'assurent de leur amitié, & lui font leurs complimens. Et à moi aussi, sans doute, dit-elle. Jean, lui dis je, je vais lire ma lettre ; en attendant prenez soin de vous, car vous êtes un honnête garçon. Dieu vous benisse ; je me réjouïs de vous voir, & d'apprendre que tout le monde se porte bien. J'avois grande envie de lui dire quelque chose de plus ; mais je n'osai pas à cause de cette vilaine Mad. Jewkes.

Je montai dans ma chambre, & je m'enfermai dans mon cabinet, où je lus la lettre de mon maître, qui étoit en ces termes.

» *Ma très-chere* PAMELA,

» Je vous envoie cette lettre par un ex-
» près, parce qu'il s'agit d'une affaire, qui
» vous touche de près, & qui me regarde

» auſſi un peu, mais principalement pour l'a-
» mour de vous. Je ſai que la maniere dont
» j'en ai agi avec vous , ne peut que vous
» alarmer extremement , & cauſer auſſi
» beaucoup d'inquiétude à vos parens , qui
» ſont de très-honnêtes gens. Mais ce qui
». fait tout mon plaiſir, c'eſt qu'il eſt en mon
» pouvoir, & que je ſuis réſolu de vous ré-
» compenſer abondamment de tout le cha-
» grin que je vous cauſe. Le lendemain de
» votre départ , j'envoyai un valet chez vo-
» tre pere , comme je vous l'avois promis ,
» afin qu'il ne fût pas en peine ſur votre ſu-
» jet , je l'aſſurai de la pureté de mes inten-
» tions , & je lui donnai de ſi bonnes raiſons
» pour lui faire comprendre pourquoi vous
» ne vous rendiez pas chez lui , que je crus
» qu'il devoit en être content. Mais cela ne
» le ſatisfit point. Car dès le lendemain le
» pauvre homme vint chez moi de grand
» matin , & alarma toute la maiſon ſur vo-
» tre ſujet.

» Oh ! ma chere ! que de peines votre
» obſtination ne m'a-t-elle pas cauſé & à
» vous auſſi ! Je ne pus tranquilliſer votre
» pere, qu'en lui promettant qu'il verroit
» dans peu une lettre écrite de votre propre
» main , & adreſſée à Mad. Jervis , pour
» l'aſſurer que vous vous portez bien.

» Or ce qui m'inquiete le plus mainte-

» nant, c'eſt la ſanté de votre pere & de
» votre mere ; ils ſont âgés, & j'appréhende
» que le chagrin qu'ils ont de votre abſence
» ne leur devienne mortel : je crains auſſi
» pour vous, qui avez tant de reſpect & tant
» de tendreſſe pour eux ; c'eſt pourquoi je
» vous prie de leur écrire quelques lignes,
» mais ſuivant le modele que je vous envoie.
» En le dreſſant je me ſuis mis à votre pla-
» ce autant que j'ai pu, & j'ai tâché d'ex-
» primer vos propres ſentimens avec toute
» l'indignation dont je crains que vous n'ayiez
» été que trop remplie.

» Vu la conduite que j'ai tenue à votre égard,
» ce qui ne ſauroit maintenant être changé,
» mais qui, je vous aſſure, tournera d'une
» maniere honorable pour vous, j'entends
» que vous ne me refuſerez point ; puiſque
» je ne ſaurois abſolument avoir d'autre but
» dans ce que je vous propoſe, que de tran-
» quilliſer vos parens ; & cela vous regarde
» plus que moi. Je vous prie donc de ne
» pas changer un mot dans le modele de
» lettre que je vous envoie. Si vous le fai-
» tes, il me ſera impoſſible de l'envoyer ;
» ou bien cela détournera abſolument les
» bons effets que j'ai deſſein de procurer
» par là.

» Je vous ai promis de ne point appro-
» cher de l'endroit où vous êtes, ſans vo-

» tre permiſſion. Si j'apprends que vous
» vous tranquillifez, & que vous ne tâchez
» pas de vous évader, je tiendrai ma pa-
» role, quelque peine que je trouve à le
» faire. L'eſpece de ſervitude où l'on vous
» retient encore ne durera pas long-tems.
« Car je vous aſſure que je ſuis réſolu de
» vous convaincre dans peu, que je ſuis
» avec une extrême ardeur,

» *Votre*, &c. «

La lettre dont il me preſcrivoit le modele, étoit en ces termes.

» *Ma chere Mad.* JERVIS,

« Au lieu d'être conduite chez mon pere,
» Robert m'a menée dans un endroit, qu'on
» ne me permet pas de nommer. Cependant
» on ne me traite pas durement à préſent. Je
» vous écris ceci, pour vous prier de faire
» ſavoir à mon pere & à ma mere (qui
» ſans doute doivent être preſque morts
» de chagrin) que je me porte bien, & que je
» ſuis & ſerai toujours, par la grace de Dieu,
» leur très-obeiſſante & vertueuſe fille, com-
» me je ſuis

» *Votre très-obligée ſervante.*

« Il ne m'eſt permis ni de dater ma let-

» tre, ni de marquer l'endroit d'où je l'é-
» cris : mais on m'affure de la maniere du
» monde la plus folemnelle, qu'on me trai-
» tera honorablement. »

Je ne favois que faire dans cette occafion, ni comment répondre à fon étrange
priere. Le cœur me faignoit, mon cher
pere, en réfléchiffant fur la peine que vous
vous étiez donnée, d'aller vous-même à
pied pour vous informer de votre pauvre
fille ; j'étois auffi dans une grande inquiétude au fujet de ma chere mere ; de forte
que je me réfolus d'écrire, en fuivant à peu
près * le modele qu'on prefcrivoit, afin de
vous tranquillifer, jufques à ce que je puffe
vous apprendre au vrai l'état où je fuis.
Et voici ce que j'écris à cet étrange &
méchant maître.

» MONSIEUR,

» Si vous connoiffiez l'angoiffe où je
» fuis, & combien la maniere étrange &
» terrible dont vous en agiffez envers
» moi me fait fouffrir, vous auriez certai-
» nement pitié de moi, & vous confenti-
» riez à me délivrer. Qu'ai-je fait, pour

* Voyez ci-deffus. Les changemens que Pamela fit à cette lettre font en italique.

» être feule l'objet de votre cruauté ? Je
» ne puis ni efpérer , ni même fouhaiter
» rien de votre part, puifque après ce qui
» s'eft paffé, je ne puis plus compter fur
» vos fermens les plus folemnels. Il eft im-
» poffible que vous ayiez les deffeins hon-
» nêtes que vous alléguez.

» Il n'y a que la promeffe que vous me
» faites de ne me point venir voir ici dans
» mon trifte efclavage , qui puiffe me don-
» ner quelque rayon d'efpérance.

» Je vous conjure de ne pas pouffer la
» pauvre, l'infortunée Pamela à faire quel-
» que action de défefpoir , qui cauferoit la
» perte de fon corps & de fon ame, Vous
» ignorez, Monfieur, à quel terrible ex-
» cès le courage pourra me porter, malgré
» mon peu de lumieres, & la foibleffe de
» mon efprit, dès que ma vertu fera en
» danger. Oh! hatez ma délivrance, afin
» qu'une pauvre créature, indigne qu'un
» homme de votre rang faffe attention à
» elle , ne foit pas le jouet de la gran-
» deur , feulement , parce qu'elle ne fau-
» roit fe défendre elle-même & qu'elle n'a
» aucun ami qui puiffe prendre fa caufe en
» main.

» En partie pour vous obéir , Monfieur ,
» mais plus encore, je l'avoue, pour tran-
» quillifer l'efprit de mes pauvres & affli-

» gés parens, dont la pauvreté devroit, ce
» femble, les mettre à couvert de pareilles
» violences, auffi bien que leur malheu-
» reufe fille, j'ai fuivi à peu près le mo-
» dele que vous m'avez prefcrit, en écri-
« vant à Mad. Jervis ; les changemens que
» j'y ai faits (& je n'ai pu m'empêcher
» d'y en faire quelques - uns) marquent,
» il eft vrai, mon inquiétude ; mais ils ne
» laifferont pas malgré cela de répondre au
» but, que vous dites que vous vous pro-
» pofez par cette lettre.

» Pour l'amour de Dieu, mon cher Mon-
» fieur, ayez pitié de mon trifte état, &
» de la mifere où je fuis ; permettez que
» je puiffe me joindre à tous vos autres
» domeftiques, pour louer & benir cette
» bonté dont vous avez donné des mar-
» ques à tous, excepté à la pauvre, l'infor-
» tunée, la défolée

» PAMELA. »

Après avoir écrit cette lettre, & celle
dont on m'avoit prefcrit les termes, je crus
que ce feroit témoigner quelque confiance
en Mad. Jewkes, que de les lui montrer
toutes deux. Je lui fis voir en même tems
celle que mon maître m'écrivoit ; car je
m'imaginai que l'eftime qu'il me témoignoit
me

me donneroit quelque pouvoir fur une femme, qui paroiffoit difpofée à lui obéir en
tout, foit que ce qu'il lui commanderoit
fût permis ou non : je penfai cependant en
moi-même, que je ne devois guere tirer
vanité de cette eftime de mon maître. Je
ne crois pas m'être trompée par rapport à
Mad. Jewkes. Il me femble que la lettre
de mon maître a produit un grand effet fur
elle ; car elle eft à préfent très-obligeante
à mon égard, & elle s'étend fort fur mes
louanges : mais je ne dois pas y faire beaucoup d'attention, car elle ne loue pas moins
l'auteur de toute ma mifere, & fes deffeins
honorables comme elle les appelle, tandis
que je vois bien qu'elle penfe (& je crains
bien qu'il ne le penfe auffi) que tout ce qui
peut faciliter l'exécution de fes criminels
deffeins eft *honorable*, dût-ce être au pré-
judice & à la ruine d'une pauvre & vertueufe fille. Dieu veuille que je ne le trouve
pas ainfi ! Je me flatte pourtant que quelles
que puiffent être les vues de ce méchant gentilhomme, je ferai au moins délivrée des difcours impertinens & libres de
cette créature, fi elle peut fe perfuader que
mon maître a de bonnes intentions.

Me voici au **LUNDI** *le cinquieme jour de mon esclavage & de ma misere.*

JE m'étois flattée de voir Jean, & de lui parler en particulier avant qu'il partît; mais je n'en ai pas pû trouver l'occasion. L'affliction extrême de ce pauvre garçon a été cause que Mad. Jewkes s'est imaginée qu'il est amoureux de moi. Elle m'est venue dire de sa part ce matin qu'il alloit partir. Je l'ai priée de le faire monter dans mon cabinet (comme j'ai coutume de l'appeller) & elle y est montée avec lui. Cet honnête homme m'a paru aussi affligé en prenant congé de moi, qu'il l'avoit été auparavant. Je lui ai donné mes deux lettres ; celle qui étoit pour Mad. Jervis étoit enveloppée dans celle que j'écrivois à mon maître. Mais Mad. Jewkes voulut me les voir cacheter, de peur qu'il n'y en eût quelque autre. J'ai été surprise de voir que ce valet en s'en allant a laissé tomber un morceau de papier au haut de l'escalier. Je l'ai ramassé sans que Mad. Jewkes s'en soit aperçue ; mais j'ai été mille fois plus surprise encore, lors qn'après être rentrée dans mon cabinet, j'y ai trouvé ce qui suit.

» *Ma bonne demoiselle* PAMELA ,

« C'eſt avec beaucoup de douleur que je
» dois vous apprendre, que vous avez été
» trompée & trahie, & cela par un malheu-
» reux & un chien comme moi. Je ne pen-
» ſois gueres que les choſes en viendroient au
» point où elles ſont. Mais il faut que j'a-
» voue, que, ſi jamais il y eut un ſcélérat au
» monde, c'eſt moi. J'ai montré conſtam-
» ment toutes vos lettres à mon maître ; &
» c'eſt dans cette vue qu'il m'employoit. Il
» les a toutes vues avant que je les portaſſe
» à votre pere ; il les recachetoit après les
» avoir lues, & puis il m'ordonnoit de les
» porter. Il eſt vrai que j'avois quelquefois
» occaſion d'aller dans ces quartiers-là ; mais
» non pas à beaucoup près auſſi ſouvent que
» je le prétendois. Dès que j'eus appris le
» tour qu'on vous a joué, je fus ſur le point
» de me pendre de déſeſpoir. Ne ſoyez pas
» ſurpriſe de ce que je ne pouvois pas
» ſoutenir votre préſence : Oh ! le miſérable ,
» le ſcélérat que je ſuis , de vous avoir ré-
» duite à cet état ! Si vous êtes perdue , c'eſt
» moi qui en ſuis la cauſe. Tout ce que je
» puis faire maintenant pour vous, c'eſt de
» vous avertir, que vous êtes entre d'abo-
» minables mains : & je crains que vous ne
» ſoyez ruinée malgré tous vos charmes &

» toute votre vertu. J'en mourrai certaine-
» ment de douleur dès que je viendrai à le
» favoir. Si vous pouvez me pardonner, il
» faut que votre bonté foit exceffive ; mais je
» fuis fûr que je ne me le pardonnerai jamais
» moi-même. Cependant je vous prie de
» garder le fecret fur ce que je vous dis ; il
» ne peut vous revenir aucun avantage de le
» déclarer ; & peut-être que je vivrai enco-
» re affez pour vous rendre quelque fervice :
» vous pouvez compter que je le ferai s'il eft
» en mon pouvoir : je fai qu'il eft de mon
» devoir de le faire. Mon maître a gardé
» vos deux ou trois dernieres lettres , & ne
» les a point envoyées du tout. Je fuis le
» plus grand de tous les fcélérats ,

« J. ARNOLDS.

« Vous voyez qu'il y a long-tems qu'on a
» machiné votre perte ; prenez garde, je vous
» prie , à votre chere & aimable perfonne.
» Mad. Jewkes eft un démon. Mais dans
» l'autre maifon de mon maître il n'y a pas
» un feul cœur qui ne vous foit fidele , ex-
» cepté moi ; oh ! le lâche coquin que je fuis ! »

Je ne doute point , mes chers Pere & Mere , que ceci ne vous faffe dreffer les cheveux , lorfque vous viendrez à le lire. Pour

moi , j'en fuis toute pénétrée d'horreur. Oh!
la perfidie du cœur de l'homme ! Ce Jean ,
que je croyois le plus honnête homme du
monde , de qui vous aviez la même opinion ,
qui me difoit toujours mille biens de vous ,
qui vous en difoit de moi , ce Jean étoit cependant un indigne hypocrite , un perfide , &
un traître qui travailloit à me perdre.

Mais il dit affez de mal de lui-même ; &
je ne faurois m'empêcher de faire cette trifte
réflexion , c'eft que les gens riches & puif-
fans ne manquent jamais d'inftrumens pour
venir à bout de leurs criminels defleins , &
que rien n'eft fi difficile à connoître que le
cœur de l'homme. Je ne puis qu'avoir compaffion de ce malheureux , puifqu'il paroît
fe repentir de fon crime : & je crois que le
meilleur parti que je puiffe prendre c'eft de
garder le fecret fur fa méchanceté , & , fi
j'en trouve l'occafion , de le confirmer dans
les fentimens de repentance qu'il témoigne ;
car peut-être que cela me fournira le moyen
de faire quelque découverte utile.

Je ne dois pas oublier de dire qu'il a apporté avec lui dans une valife toutes les hardes que ma maîtreffe & mon maître m'a-
voient données , & outre cela deux coëffes
& une écharpe de velours, que ma maîtreffe
avoit coutume de porter. Mais je ne prends
point de plaifir, ni en cela, ni en aucune
chofe qui foit au monde.

Mad. Jewkes a fait apporter la valife dans mon cabinet, & m'a montré ce qu'il y avoit dedans ; mais enfuite elle a fermé tout à clef, & m'a dit, qu'elle me donneroit telles hardes que je voudrois ; mais que, fi je les avois en mon pouvoir, cela me donneroit peut-être envie de fortir ; & puis l'infolente créature a mis la clef dans fa poche.

Je m'abandonnai à de triftes réflexions fur cette étrange & furprenante découverte de la trahifon de Jean. Je pleurai beaucoup à caufe de lui, & auffi à caufe de moi-même. Car je vois bien que ce qu'il dit eft vrai ; & qu'il y a long-tems qu'on médite ma perte, de forte que je ne comprends que trop à quoi aboutiront les deffeins honorables de mon maître. Que d'injures ce pauvre garçon fe dit à lui-même ! Et que ne meritent donc pas ceux qui l'emploient ? Oh ! quel compte ce méchant maître n'aura-t-il pas à rendre à Dieu, puifqu'il eft fi vicieux lui-même, & qu'il en corrompt d'autres, qui fans lui auroient confervé leur innocence ! & tout cela afin de pourfuivre & d'exécuter le deffein le plus criminel, & de ruiner une pauvre créature, qui ne lui a jamais fait ni même fouhaité aucun mal, & qui peut même encore prier Dieu pour fa repentance & pour fon bonheur !

Je ne comprends pas ce que ces Gentils-

hommes (comme on les appelle) peuvent
penſer d'eux-mêmes , après avoir commis
des actions ſi noires. Jean avoit quelques
motifs pour ce qu'il a fait ; il vouloit plaire
à ſon maître qui le récompenſoit & lui faiſoit du bien. On peut dire la même choſe
de Mad. Jewkes toute méchante qu'elle eſt.
Mais quel motif mon maître peut-il avoir
pour prendre tant de peine à faire l'ouvrage
du Démon ? S'il m'aime (mais ſa paſſion ne
mérite pas le nom d'amour) faut-il à cauſe
de cela qu'il me tende des piéges pour me
ruiner , & pour me rendre auſſi criminelle
que lui ? Je ne conçois pas quel avantage il
peut trouver dans la perte d'une pauvre créature comme moi. Je ſuis , ſans doute , bien
peu conſidérable. On dit, il eſt vrai , que j'ai
quelque beauté ; mais quand cela ſeroit , un
gentilhomme ne devroit-il pas préférer une
ſervante vertueuſe , à une infame proſtituée ?
Faut-il qu'il s'applique avec plus de ſoin à
me ſéduire , par cela même que ce que je re-
doute ſur toutes choſes c'eſt d'être ſéduite ,
& que j'aimerois mieux perdre ma vie que
ma vertu ?

Ce ſont des choſes qui me paſſent ; je ne
ſaurois en rendre raiſon : Perſonne ne peut
dire que ces beaux Meſſieurs aient d'autre
tentateur , que leur propre inclination cor-
rompue & vicieuſe. Ce méchant maître s'en-

fuit de moi lorſqu'il crut qu'il n'y auroit que ſes propres domeſtiques qui feroient témoins de ſon abominable entrepriſe : Mais n'eſt-il pas étrange qu'il ne craigne point d'être vu par celui qui eſt préſent par-tout, & à qui la noirceur & les penſées les plus ſecretes de ſon cœur corrompu ne ſauroient être cachées ? Mais à quoi me ſervent toutes ces triſtes réflexions ? Il eſt, & ſera toujours méchant ; & je crains bien que je ne devienne la victime de ſes criminelles entrepriſes, à moins que ce Dieu, en qui je me confie, & que je prie à toute heure, ne me protége.

MARDI & MERCREDI.

Je joins ces deux jours enſemble, car cette méchante femme m'a obſervée de ſi près qu'il m'a été impoſſible de rien écrire Mardi. J'ai fait un tour avec elle en carroſſe pour prendre l'air ; je me ſuis auſſi promenée pluſieurs fois au jardin, mais je l'ai toujours eue à mes trouſſes.

Mr. Williams nous eſt venu voir, & s'eſt promené une fois avec nous au jardin. Un moment que ma ſurveillante avoit le dos tourné, je profitai de l'occaſion, étant encouragée par le mot que Mr. Williams m'avoit dit à l'oreille Dimanche paſſé, pour lui
dire,

dire, j'aperçois, Monfieur, deux tuiles fur cette couche de perfil : ne pourroit-on pas mettre un billet entre deux, fi on en trouvoit l'occafion, & les couvrir enfuite de terre ? Cela eft bien penfé, répondit-il, & que ce tournefol, qui eft proche de la porte du jardin, foit l'enfeigne ; j'ai la clef de cette porte, car c'eft mon plus court chemin pour aller au village.

C'eft ainfi que je fus obligée de commencer la premiere notre correfpondance. Oh ! de quelles inventions la néceffité n'eft-elle pas la mere ! Je me félicitai de cette penfée : Mad. Jewkes nous rejoignit bientôt ; & Mr. Williams faifant femblant de continuer la converfation, Non, dit-il, pas fort agréable. Qu'y a-t-il, qu'y a-t-il ? dit Mad. Jewkes. Rien, répondit-il, je difois feulement que le village voifin n'eft pas fort agréable. Non, en vérité, reprit-elle, c'eft un pauvre village à mon avis. Y demeure-t-il quelques perfonnes de diftinction ? dis-je. Et nous continuâmes ainfi à caufer fur ce village, afin de depayfer ma gouvernante. Mais je n'avois deffein de nuire à perfonne par cet innocent artifice. Nous parlâmes enfuite du jardin, combien il eft beau & fpacieux, & d'autres chofes femblables. Nous nous affîmes fur la pente du gazon qui regne autour du vivier afin de jouir du plaifir de voir les poiffons fe jouer fur la furface de l'eau : Mad. Jewkes me dit

que je pourrois pêcher là quand je voudrois.

Je vous prie donc, lui dis-je, d'avoir la
bonté de m'aller chercher une ligne. Ah! ma
jolie petite maîtresse, répondit-elle, je vous
assure que je connois mon devoir mieux que
vous ne croyez. En vérité, repris-je, je ne
songe pas à mal. Permettez-moi de vous dire, répondit-elle, que je ne connois personne
qui ait tant de présence d'esprit, & qui pense
si bien à tout, que vous. Il faut être bien sur
ses gardes là où vous êtes. Mais nous pêche-
rons un peu demain. Mr. Williams, qui la
craint extremement, détourna la conversation. Pour moi je me retirai les laissant causer ensemble ; il ne resta pas long-tems, &
elle me suivit bientôt.

J'étois entrée dans mon cabinet pour écrire ; & l'entendant venir, je cachai dans mon
sein le papier que je tenois ; & comme elle
entra, Mad. Jewkes, lui dis-je, j'ai besoin
d'un peu de papier, car vous savez que j'ai
écrit deux lettres, que j'ai envoyées par Jean.
(Oh! que le nom de ce pauvre malheureux
me cause de chagrin.) Eh bien, me dit-elle,
vous devez en avoir de reste, car une feuille a
suffi pour les deux lettres. Ouï, lui répondis-je,
mais j'ai employé aussi la moitié d'une feuille
pour faire l'enveloppe, & voyez comment
l'autre moitié est barbouillée. Là-dessus je lui

montrai quelque vers que j'avois tâché de me rappeller, & que j'avois écrits dans le dessein de les lui montrer, afin qu'elle crût que je m'occupois toujours à de semblables bagatelles. Ouï, dit-elle, je vois que vous avez employé tout votre papier, je vous en donnerai encore deux feuilles, mais vous me montrerez l'usage que vous en ferez. Fort bien, pensai-je en moi-même, je me flatte encore, *Argus*, de pouvoir t'en imposer. Or Argus, suivant les Poëtes, avoit cent yeux, & il veilloit avec tous, comme elle.

Elle m'apporta du papier, & me dit, Allons Madame, accordez-moi le plaisir de vous voir écrire quelque chose. De tout mon cœur, répondis-je, & prenant la plume, j'écrivis ces paroles. « Je voudrois que Mad. Jewkes eût » autant de bonté pour moi, que j'en aurois » pour elle, s'il étoit en mon pouvoir. » Voilà qui est joli, dit-elle, mais je me flatte que je ne manquerai pas de bonté pour vous: & que voudriez-vous que je fisse? J'écrivis encore ces mots. » Que Mad. Jewkes me fît » la grace de me dire quel crime j'ai commis » pour être ainsi détenue prisonniere, & ce » qu'elle croit que je deviendrai enfin? » Fort bien, dit-elle, continuez. » Je souhaite» rois donc, poursuivis-je, qu'elle voulût » bien me montrer ses instructions, afin que » je sache jusqu'où je dois la blâmer ou la » justifier. »   Z ij

Je ne mettois tout cela fur le papier, que pour lui faire voir combien j'aime à écrire, car je n'attendois rien de bon de fa part : j'efpérois feulement de lui perfuader par là que je n'employois jamais mon tems à écrire rien de plus férieux. Car elle s'imagine toujours que je trame quelque complot tant je fuis taciturne, & tant j'aime à être feule. Elle voulut m'engager à écrire encore quelque chofe : non, lui dis je, car vous n'avez pas daigné me répondre. Que pouvez-vous appréhender, me dit-elle, puifque mon maître vous affure fur fon honneur de la pureté de fes intentions. Ouï, Mad. Jewkes, repris-je, mais mettez la main fur la confcience, & dites-moi fincerement fi vous lui ajoutez foi. Sans doute, repondit-elle. Mais, dis-je, qu'appellez-vous honneur ? Que penfez-vous vous-même qu'il appelle honneur ? reprit-elle. La ruine, la honte, l'infamie, dis-je. Fi, fi, dit-elle. Si vous vous doutez le moins du monde de la pureté de fes intentions, perfonne ne peut mieux expliquer fa penfée que lui-même, & fi vous voulez, je lui écrirai de venir vous l'expliquer. Horrible créature, lui dis-je, ne peux-tu pas me poignarder tout d'un coup ! J'aimerois mieux que tu le fiffes, que de me parler ainfi ! mais je me flatte qu'il ne fonge pas à venir.

Elle eut la méchanceté de dire, Non,

non , il n'a pas deſſein de venir que je ſache :
mais ſi j'étois à ſa place , je ne ſerois pas long-
tems abſent. Que veut dire cette femme ,
m'écriai-je. Ce que je veux dire ? reprit-
elle , en voulant donner à ſes paroles un autre ſens que celui dans lequel je les avois pri-
ſes ; je veux dire , que , ſi j'étois à ſa place ,
je viendrois mettre fin à toutes vos craintes...
en vous rendant auſſi heureuſe que vous pouvez le ſouhaiter. Il n'eſt pas en ſon pouvoir , dis-je , de me rendre heureuſe , grand
& riche comme il eſt , ſi ce n'eſt en me laiſ-
ſant conſerver mon innocence , & en me
donnant la liberté de m'en retourner chez
mes chers pere & mere.

Elle ſe retira quelque tems après , & j'a-
chevai la lettre que j'avois commencé d'é-
crire à Mr. Williams , dans l'eſpérance de
trouver quelque occaſion de la mettre dans
l'endroit dont nous étions convenus. J'allai
enſuite trouver Mad. Jewkes , & lui dis , Je
me flatte que comme il ne fait pas encore
nuit , vous me permettrez bien de faire un
tour de jardin. Il eſt trop tard , dit-elle ; cependant ſi vous avez envie de vous promener , ne reſtez pas long-tems : Nanon , ajouta-t-elle , ſuivez Mademoiſelle , & ne la perdez pas de vue.

Je fus donc me promener du côté du vivier , & la fille me ſuivoit. Je laiſſai tom-

ber à deſſein mon peloton, & lorſque je fus
venue proche de l'endroit où étoient les tuiles, je dis : Nanon, j'ai laiſſé tomber mon
peloton, ayez la bonté de l'aller chercher :
je l'avois à la main lorſque nous étions près
du vivier. Elle alla le chercher, & pendant
ce tems-là je gliſſai ma lettre entre les deux
tuiles, & je les couvris vîte de terre, ſans
être aperçue. La fille ayant trouvé mon
peloton me l'apporta, & je m'en retournai
doucement ; je rencontrai Mad. Jewkes que
ſon inquiétude avoit obligée à venir voir ce
que j'étois devenue. Voici ce que j'avois
écrit à Mr. Williams.

   » *Monſieur*,

» Comme je n'ai pas pu trouver l'occa-
» ſion de vous parler en particulier, je me
» flatte que vous voudrez pardonner la li-
» berté que prend une pauvre créature, qui
» a été conduite ici en trahiſon, & comme
» elle n'a que trop de raiſon de le croire,
» dans le plus abominable deſſein qui ſe
» puiſſe concevoir. Sans doute que vous ſa-
» vez quelque choſe de mon hiſtoire, ma
» pauvreté, dont je n'aurai jamais de honte,
» les bontés de feue ma maîtreſſe, & les
» vues de mon maître. Il eſt vrai qu'il m'aſ-
» ſure que ſes deſſeins ſont honorables, mais
» ce que les méchans appellent honorable,

» n'eſt que honte & infamie pour les gens
» vertueux. Il peut tenir ſa promeſſe, ſelon
» les idées qu'il ſe forme de ce qui eſt hono-
» rable, & ne laiſſer pas que de me ruiner
» ſelon mes idées, & celles de tout ce qu'il
» y a d'honnêtes gens au monde.

» Je ſuis ſi malheureuſe & ſi maltraitée
» par cette Mad. Jewkes, & elle a de ſi
» mauvais principes, que j'aurai ſans doute
» bientôt beſoin qu'il ſe préſente quelque oc-
» caſion pour me tirer d'ici, comme j'ai lieu
» de l'eſpérer de cet heureux expédient qui
» nous eſt venu dans l'eſprit pour entretenir
» un commerce de lettres enſemble. Je me
» livre donc ſans réſerve à votre bonté : car
» mon état ne ſauroit empirer, quand même
» le projet que j'ai formé viendroit à man-
» quer ; & je ſuis ſûre qu'il réuſſira, s'il eſt
» en votre pouvoir de le faire réuſſir. L'air
» d'honnête homme, que vous avez, Mon-
» ſieur, votre caractere, & votre inclina-
» tion bienfaiſante me font eſpérer que vous
» m'accorderez votre ſecours dans les triſ-
» tes circonſtances où je me trouve. Car en
» me tirant de ma détreſſe vous vous ac-
» quitterez par cette ſeule action de tous les
» devoirs du Chriſtianiſme. Vous ferez un ac-
» te de la plus grande charité, vous ſauve-
» rez le corps & l'ame d'une créature infor-
» tunée, qui juſques à préſent ne s'eſt pas

» écartée le moins du monde de ce que sa
» vertu exige d'elle.

» `N'est-il pas possible de trouver quel-
» que moyen pour me délivrer , sans que
» vous vous exposiez à aucun danger ? N'y
» a-t-il pas dans le voisinage, quelque Gen-
» tilhomme de probité , ou quelque Dame
» vertueuse, chez qui je puisse me réfugier ,
» jusques à ce que je puisse trouver moyen
» de me rendre chez mes pauvres parens ?
» Ne pourroit-on pas faire tenir une lettre
» à Mylédy Davers pour lui apprendre mon
» triste sort ? Mes parens sont si pauvres , &
» ont si peu de crédit dans le monde que
» tout ce qu'ils peuvent faire pour moi c'est
» de mourir de chagrin ; & je crains bien
» que ce ne soit leur sort à la fin.

» Mon maître me promet que si je veux
» me tranquillifer dans ma situation présen-
» te, il ne viendra point ici sans mon con-
» sentement. Hélas ! Monsieur , comment
» puis-je compter 'à-dessus? Car quel fond
» peut-on faire sur la promesse d'un hom-
» me , qui se croit en droit d'en agir avec
» moi comme il a fait ? S'il vient, je suis
» perdue ; & il viendra sans doute, dès qu'il
» croira avoir apaisé les clameurs de mes
» parens , & m'avoir endormie dans une fu-
» neste sécurité , ce qu'il espere certaine-
» ment de faire avec le tems.

» C'eſt pourquoi, Monſieur, voici le ſeul
» tems que j'aie pour travailler à ſauver ma
» vertu. Si je demeure ici juſques à ce qu'il
» vienne, je ſerai perdue ſans reſſource.
» Vous avez la clef de la porte du jardin ;
» & c'eſt ce qui me donne de grandes eſ-
» pérances. Inventez, mon cher Monſieur,
» quelque moyen pour me tirer d'ici. Je
» garderai inviolablement le ſecret. Je ſerois
» pourtant bien fâchée que ce que vous fe-
» rez pour moi, vous cauſât le moindre pré-
» judice

» Je n'en dirai pas davantage maintenant :
» mais je vais confier cette lettre aux bien-
» heureuſes tuiles, & dans le ſein de cette
» terre où j'eſpere que ma délivrance pren-
» dra racine, & produira un fruit, qui me
» procurera une joie inexprimable, & à vous
» une récompenſe glorieuſe en ce monde,
» & durant toute l'éternité. Ce ſera conſtam-
» ment la priere de

» *Votre très-humble & opprimée Servante.* »

Fin de la premiere Partie.

INVENTAIRE
Y2- 11500